Sabine Jobst

Inklusive Reggio-Pädagogik

Sabine Jobst

Inklusive Reggio-Pädagogik

projektverlag.

Bibliografische Information der Deutschen Nationalbibliothek

Die Deutsche Nationalbibliothek verzeichnet diese Publikation in der Deutschen Nationalbibliografie; detaillierte bibliografische Daten sind im Internet über http://dnb.d-nb.de abrufbar.

ISBN 978-3-89733-164-8

© projekt verlag, Bochum/Freiburg 2007
Vertrieb@projektverlag.de
www.projektverlag.de

Umschlaggestaltung: punkt *Komma* Strich, Freiburg
www.punkt-komma-strich.de
Wir danken Greta Czajka und Fabius Mayerhöfer
herzlich für ihre Handabdrücke

Für Jossi und Franz

Inhaltsverzeichnis

Vorwort

Die von Sabine Jobst verfasste Publikation *Inklusive Reggio-Pädagogik* leistet sowohl für die Praxis als auch für den Diskurs einen wichtigen Beitrag. Zwar existiert bereits eine Vielfalt von Publikationen deutscher Pädagoginnen und Pädagogen zu unterschiedlichen Aspekten der Reggio-Pädagogik. Diese Publikationen wurden aber überwiegend von Wissenschaftlerinnen und Wissenschaftlern aus dem Bereich der Frühkindlichen Pädagogik verfasst, zu deren Themenschwerpunkten in der Vergangenheit nicht das Thema Inklusion gehörte. Im Bereich der Integrationspädagogik fand die Reggio-Pädagogik bislang dagegen nur vereinzelt Beachtung. Verschiedene Gründe lassen sich für diese fehlende Beachtung ausmachen: Die entsprechende italienische Primärliteratur wie beispielsweise die Publikation *I bambini disabili* war zum einen bisher schwer zugänglich und teilweise nur direkt im Dokumentationszentrum in Reggio Emilia erhältlich (Centro Documentazione e Ricerca Educativa Nidi e Scuole dell'Infanzia del Comune di Reggio Emilia). Zum anderen wurde in Reggio Emilia seit 1976 auf jede und damit auch auf eine sprachliche Unterscheidung zwischen behinderten und nichtbehinderten Kindern verzichtet. Seit den 1970er-Jahren ging es in den kommunalen Kindertageseinrichtungen und Krippen in Reggio Emilia darum, eine einzige neue Pädagogik zu konstruieren, die imstande ist, mit einer bewussten Heterogenität von Kindern umzugehen. Als im Jahre 1984 die erste deutschsprachige Publikation zum Thema Reggio-Pädagogik erschien, war der Behinderungsbegriff in der Reggio-Pädagogik weitgehend überwunden.

Sabine Jobst ist der Frage nachgegangen, was die Reggio-Pädagogik als inklusive Pädagogik ausmacht. Die vorliegende Veröffentlichung ist aus einer Diplomarbeit entstanden, die an der Hochschule Fulda im Fachbereich Sozialwesen im Sommersemester 2006 angenommen wurde. Hervorzuheben ist, dass in diese Arbeit eine intensive Auseinandersetzung mit der englisch- und italienischsprachigen Literatur eingeflossen ist, darüber hinaus von der Autorin aber auch Erfahrungen aus einer Studienfahrt nach Reggio Emilia berücksichtigt wurden.

Mit dieser Publikation leistet Sabine Jobst nicht nur einen wichtigen Beitrag zum allgemeinen Verständnis der Reggio-Pädagogik; vielmehr bereichert diese Arbeit auch die Praxis und den integrationspädagogischen Diskurs. Aus diesem Grunde habe ich mich für eine Veröffentlichung engagiert. So wurde aus einer hervorragenden Diplomarbeit die erste deutschsprachige Monografie zum Thema Inklusion in Reggio Emilia.

Fulda, im Juli 2007   Sabine Lingenauber

1 Einleitung

Zu Beginn dieses Buches möchte ich kurz darlegen, wie mein persönliches Interesse für die Reggio-Pädagogik entstanden ist. Im Oktober 2004 begann ich mein Studium der Sozialpädagogik an der Hochschule Fulda, wo ich den Schwerpunkt „Integrationspädagogik" wählte. Bereits im ersten Semester begegnete mir die Thematik der Reggio-Pädagogik im Seminar „Einführung in die Integrationspädagogik" bei Sabine Lingenauber. Neben den Ansätzen der Montessoripädagogik, der Integrativen Kindergartenpädagogik nach der Aneignungstheorie Georg Feusers und dem Situationsansatz wurde auch die Reggio-Pädagogik als inklusive Pädagogik vorgestellt. Die drei Erstgenannten bestimmen bislang maßgeblich die integrative Praxis im Elementarbereich in der Bundesrepublik Deutschland (vgl. Hössl 1999: 149). Im darauf folgenden Sommersemester 2005 konnte ich die erworbenen Kenntnisse über die Reggio-Pädagogik im Seminar „Leben ohne Aussonderung in Italien" bei Sabine Lingenauber vertiefen und interessierte mich von nun an für die Beantwortung der Frage, was die Reggio-Pädagogik zu einer inklusiven Pädagogik macht. Während der Teilnahme an einer einwöchigen Studienfahrt nach Reggio Emilia im März 2006 konnte ich mir durch Vorträge und Hospitationen in verschiedenen kommunalen Krippen und Kindertageseinrichtungen ein eigenes Bild von der Reggio-Pädagogik am Ort machen.

Bei der Reggio-Pädagogik handelt es sich um einen pädagogischen Ansatz, der in der gleichnamigen italienischen Stadt Reggio Emilia entwickelt wurde. Im Zuge eines gesamtgesellschaftlichen Reformprozesses wurden in Italien in den 1970er-Jahren sämtliche Sonderschulen aufgelöst, so dass ab diesem Zeitpunkt auch Kinder mit Beeinträchtigungen Zugang zu den Krippen und Kindergärten erhielten (vgl. Roser 1998: 27). Archivaufzeichnungen belegen, dass in Reggio Emilia bereits vor der gesetzlichen Festschreibung Erfahrungen mit der gemeinsamen Erziehung von Kindern mit und ohne Beeinträchtigungen in Krippen und Kindertageseinrichtungen gesammelt wurden (vgl. Comune di Reggio Emilia 1993: 16). Mittlerweile genießt die Reggio-Pädagogik internationales Ansehen, und im Jahr 1991 zeichnete die UNESCO die kommunalen Krippen und Kindertageseinrichtungen als die besten der Welt aus. Derzeit findet dieser pädagogische Ansatz von Schweden bis

Spanien und von Amerika bis Australien in Kindertageseinrichtungen Anwendung (vgl. Lingenauber 2004a: 64).

Auch in der Bundesrepublik Deutschland wird inzwischen in zahlreichen elementarpädagogischen Einrichtungen mit diesem Ansatz gearbeitet. Im Jahr 1995 wurde der *Verein Dialog Reggio e. V.* zur Förderung der Reggio-Pädagogik in Deutschland gegründet. Durch regionale und bundesweite Fachtagungen, durch die Förderung von Studienreisen nach Reggio Emilia sowie durch den Aufbau von Regionalgruppen zielt der Verein darauf ab, die Erfahrungen mit der Reggio-Pädagogik der institutionellen Erziehung und Bildung in Deutschland zugänglich zu machen (vgl. Knauf 2004b: 20ff.).

Bislang wurde die Reggio-Pädagogik in der Bundesrepublik Deutschland jedoch kaum als inklusive Pädagogik wahrgenommen. Dies lässt sich zum einen dadurch erklären, dass bislang nur sehr wenige Veröffentlichungen deutscher Autorinnen und Autoren zu diesem Thema vorliegen. Zum anderen existiert die italienische Primärliteratur zum Teil nur in unveröffentlichten Aufzeichnungen, die zudem auch noch schwer zugänglich sind (vgl. Lingenauber 2004a: 64).

Eine Ausnahme bildet das von Loris Malaguzzi in den 1970er-Jahren verfasste Manuskript *Die behinderten Kinder. Bericht über Erfahrungen in den kommunalen Krippen und Kindergärten der Region Reggio Emilia,* das auch in deutscher Sprache vorliegt (vgl. Malaguzzi 1976).

Das Erkenntnisinteresse des vorliegenden Buches besteht in der Sichtbarmachung der inklusiven Aspekte der Reggio-Pädagogik. Die zentrale Forschungsfrage dieses Buches lautet daher: Was macht die Reggio-Pädagogik zu einer inklusiven Pädagogik? Das heißt: Durch welche Aspekte wird der Anspruch der Reggio-Pädagogik als inklusive Pädagogik verwirklicht?

Diese Frage soll mithilfe des *Indexes für Inklusion* für Kindertageseinrichtungen beantwortet werden. Der Index wurde von den englischen Pädagoginnen und Pädagogen Tony Booth, Mel Ainscow und Denise Kingston entwickelt und im Jahr 2006 erstmals auch in deutscher Übersetzung herausgegeben (vgl. Booth u.a. 2006).

Die Situation der Inklusion von Kindern mit Beeinträchtigungen im Elementarbereich unterscheidet sich in den beiden Ländern Deutschland und Italien. Durch eine unterschiedliche historische Entwicklung, die in

Italien bereits in den 1970er-Jahren begann, existieren derzeit noch große Differenzen hinsichtlich der quantitativen wie der qualitativen Entwicklung in beiden Ländern. In Reggio Emilia sowie in ganz Italien konnte man bereits seit über dreißig Jahren Erfahrungen mit der gemeinsamen Erziehung von Kindern mit und ohne Beeinträchtigungen sammeln. In Deutschland hingegen gibt es in einigen Bundesländern noch einen erheblichen Nachholbedarf hinsichtlich der quantitativen und der qualitativen Entwicklung der Integration von Kindern mit Beeinträchtigungen im Elementarbereich.

Für ein besseres Verständnis der derzeitigen Ausgangssituationen in den beiden Ländern wird im zweiten Teil des vorliegenden Buches eine kurze historische Entwicklung der Integration im Elementarbereich in Deutschland und Italien aufgezeigt. Im dritten Teil werden die theoretischen Grundlagen des *Indexes für Inklusion* vorgestellt, mit deren Hilfe im vierten Teil der Frage nachgegangen wird, was die Reggio-Pädagogik zu einer inklusiven Pädagogik macht. Der fünfte Teil stellt eine Zusammenfassung dar.

2 Historische Entwicklung der Integration im Elementarbereich in Deutschland und Italien

In diesem Kapitel wird jeweils eine kurze historische Entwicklung der Integration im Elementarbereich in den beiden Ländern Deutschland und Italien dargelegt.

2.1 Historische Entwicklung der Integration von Kindern mit Beeinträchtigungen im Elementarbereich in Deutschland

Bis zum Beginn der ersten integrativen Initiativen wurden Kinder mit Beeinträchtigungen im deutschen Erziehungs- und Bildungswesen getrennt von Kindern ohne Beeinträchtigung in speziellen Sonderkindergärten und -schulen betreut. Diese Sondereinrichtungen waren durch eine starke Differenzierung nach Behinderungsarten gekennzeichnet, das heißt, es gab Institutionen, die beispielsweise nur Kinder mit einer körperlichen oder geistigen Beeinträchtigung betreuten (vgl. Hössl/ Pelzer 1990: 260).

Einen erheblichen Ausbau erlebten diese Sonderschulen und -kindergärten in der Zeit von etwa 1960 bis Mitte der 1970er-Jahre. Die Tatsache, dass Kinder mit Beeinträchtigungen ihre erforderliche Unterstützung auch in Regeleinrichtungen zusammen mit gleichaltrigen Kindern ohne Beeinträchtigung erhalten könnten, war in den öffentlichen Diskussionen um Schulreformen in den 1960er-Jahren noch nicht Gegenstand (vgl. Schöler 1999: 18). Im Laufe der Zeit kristallisierte sich heraus, dass die Ziele der Sondererziehung nicht erreicht wurden. Nur einige wenige Kinder konnten nach einer Zeit der Sonderförderung in den Regelkindergarten oder in die allgemeine Schule wechseln. Grundsätzlich war der Weg eines Kindes mit Beeinträchtigung jedoch vorgezeichnet: Er verlief von der Frühförderung in den Sonderkindergarten, über die Sonderschule bis hin zur Arbeit in der Werkstatt für Menschen mit Behinderung und zum Leben in einem Wohnheim für Menschen mit Beeinträchtigungen (vgl. Dichans 1993: 5f.).

Durch das Konzept der intensiven Förderung außerhalb des allgemeinen Erziehungs- und Bildungswesens wurde eine Trennung der Lebensräume von Menschen mit und ohne Beeinträchtigungen zementiert. Diese Isolierung bzw. Aussonderung hatte zur Folge, dass wichtige

Sozialisationsprozesse zwischen Kindern mit und ohne Beeinträchtigungen nicht stattfinden konnten. Der stigmatisierende Umgang mit Menschen mit Beeinträchtigungen wurde hierdurch gefördert und konserviert (vgl. Kron 2002: 178f.).

Vor diesem historischen Hintergrund begann die Geschichte der Integrationspädagogik in Westdeutschland, die Wolfgang Dichans grob in drei Phasen unterteilt. Die erste Phase, die so genannte *Phase der Einzelinitiativen* (1968-1978), ist dadurch gekennzeichnet, dass die ersten Impulse zur Integration fast immer von Einzelpersonen bzw. von einzelnen Institutionen ausgingen. Die Hauptprotagonisten dieser Phase waren insbesondere Eltern von Kindern mit Beeinträchtigungen, die für ihre Kinder bessere gesellschaftliche Perspektiven und Entwicklungsmöglichkeiten forderten (vgl. Dichans 1993: 6f.). Nach und nach wurden einzelne Elterninitiativen gegründet, durch deren Entschlossenheit an mehreren Orten in Deutschland integrative Projekte im Elementarbereich entstanden. Die Durchsetzung der Initiativen verlangte den betroffenen Eltern oftmals sehr viel Überzeugungsarbeit ab, was das folgende Zitat belegt: „So gingen wir auf die Straße, an die Presse und schließlich und endlich erfolgreich an die zuständige Senatorin (...)" (Lau/Lau 2000: 293).

Der Einsatz der Eltern lohnte sich, so dass sie beispielsweise in Berlin-Friedenau im Jahr 1973 ein Haus für fünf Gruppen mit insgesamt 35 Kindern anmieten konnten. Ein Drittel der Kinder hatte eine Beeinträchtigung (vgl. ebd.). Ermutigt durch die positiven Erfahrungen mit der gemeinsamen Erziehung, die sowohl der Isolation der betroffenen Eltern als auch jener der Kinder entgegenwirkte, ging die Öffentlichkeitsarbeit für den Integrationsgedanken weiter. Ein zur damaligen Zeit aktives Elternpaar führt dazu aus: „Viele ‚Kinderhaus-Eltern' vertraten die gemeinsame Arbeit auf Straßen- und Kirchenfesten, auf Partei- und Gewerkschaftsveranstaltungen und stellten sich den Fragen der Politiker oder der gerade vorbeikommenden Passanten" (a.a.O.: 294).

Im Laufe der Zeit wurde der Kreis der Aktiven immer größer, so dass sich die einzelnen Elterninitiativen schließlich 1985 offiziell zur Bundesarbeitsgemeinschaft „Gemeinsam leben – gemeinsam lernen" zusammenschlossen (vgl. Rosenberger 1998: 14). Auf ihrem ersten bundesweiten Treffen in Bremen im Oktober 1984, das unter dem Motto „Eltern gegen Aussonderung" stand, verabschiedeten die circa 200 Teilnehmer die so genannte „Bremer Resolution". Der folgende Auszug macht deutlich, dass die TagungsteilnehmerInnen eine gesamtgesellschaftliche Integration von Menschen mit Beeinträchtigungen forderten, die auch den Erziehungs- und Bildungsbereich einschloss: „Die Anwesenden gehen davon aus, dass behinderte Menschen ein Recht auf ein gemeinsames Leben mit Nichtbehinderten haben, und zwar nicht nur in Freizeit und Familie, sondern auch in Kindergärten und Schulen ihres Wohngebietes ebenso wie in der Berufsausbildung und in der Arbeitswelt" (Roebke 2000: 48). Die Elternbewegung sah sich somit nicht nur als Teil einer pädagogischen Bewegung, sondern auch als „Bürgerbewegung, die hartnäckig für die Rechte von Menschen mit Behinderungen eintrat und konsequent für eine nicht teilbare Integration kämpfte" (Rempt/Rempt zitiert nach Schnell 2003: 37).

Die Anfänge der Integrationsbewegung im Elementarbereich in Deutschland fallen in eine Zeit, die geprägt ist durch die Bildung sozialer Bewegungen. Als Antwort auf die große Koalition von CDU/CSU und SPD im Jahr 1966 bildete sich ein Jahr später die „Außerparlamentarische Opposition" (APO) und kurze Zeit danach auch die Studentenbewegung. Es entwickelte sich eine bis dahin nicht geführte und deshalb umso intensivere Diskussion, die sich nicht nur auf den Hochschulbereich beschränkte. Sie schloss innen- und außenpolitische Probleme ein, hinterfragte verschiedenste überlieferte Werte und Normen auf ihre Gültigkeit und deckte die Kluft zwischen Anspruch und Wirklichkeit der Wirtschafts- und Gesellschaftsordnung in der Bundesrepublik Deutschland auf (vgl. Nave-Herz 1997: 53f.). Anzumerken ist jedoch, dass die genannten sozialen Bewegungen die Situation von Menschen mit Beeinträchtigungen nicht konkret thematisierten, so dass sich die Elterninitiativen von Beginn an um BündnispartnerInnen bemühen mussten.[1] Während der Phase der Einzelinitiativen wurden Modellprojekte nicht nur seitens der Eltern von Kindern mit und ohne Beeinträchtigungen ins Leben gerufen, sondern auch zum Teil von Institutsmitarbeitern wie

---

[1] Nach den positiven Erfahrungen der Kindergartenzeit forderten zahlreiche Eltern die Fortführung der gemeinsamen Erziehung auch in der Grundschule. Durch ihr Engagement zählten im Laufe der Zeit zur Integrationsbewegung „auch Ärztinnen und Ärzte, Frühförderinnen und Frühförderer, Erzieher/innen und Lehrkräfte, Gewerkschafter/innen, Schulleiter/innen und Schulaufsichtsbeamte, Wissenschaftlerinnen und Wissenschaftler, Juristinnen und Juristen und nicht zuletzt Bildungspolitiker/innen" (vgl. Schnell 2003: 40).

beispielsweise im Fall der Aktion Sonnenschein in München. Im Jahr 1968 initiierte hier Theodor Hellbrügge den richtungweisenden Modellversuch, bei dem er die Montessori-Pädagogik als Basis für die gemeinsame Erziehung in einem Kinderhaus anwandte (vgl. Vernooij 2005: 100). Zu Beginn der 1970er-Jahre verstärkten sich die wissenschaftlichen und öffentlichen Diskussionen bezüglich der integrativen Erziehung. Die Mitglieder der Integrationsbewegung forderten entsprechende institutionelle und rechtliche Regelungen, um die angestrebten Organisationsformen in den einzelnen Bundesländern realisieren zu können (vgl. ebd.).

Wissenschaftliche Unterstützung erhielten die Integrationsbestrebungen insbesondere durch die Empfehlungen der Bildungskommission des Deutschen Bildungsrates von 1973 mit dem Titel *Zur pädagogischen Förderung behinderter und von Behinderung bedrohter Kinder und Jugendlicher*. Für den Bereich der Frühförderung und des Kindergartens wird in dem Dokument Nachstehendes befürwortet: „Schon im Kindergarten und in den Einrichtungen, die mit Zentren für pädagogische Frühförderung verbunden sind, sollten behinderte Kinder, soweit es möglich ist, teilweise oder auch vollständig mit nichtbehinderten Kindern gemeinsam gefördert werden" (Deutscher Bildungsrat 1973: 68). Diese Empfehlungen waren das erste offizielle Dokument, das ein gemeinsames Lernen von Kindern und Jugendlichen mit und ohne Beeinträchtigungen vorsah (vgl. Schnell 2003: 78). Auf politischer Ebene wurden die programmatischen Vorgaben jedoch nicht umgesetzt. Jakob Muth führte 1988 rückblickend hierzu aus: „Die Empfehlung des Deutschen Bildungsrates war 1973 von den Kultusministern der Länder positiv aufgenommen worden. Aber kein Minister oder Senator dachte daran, ihre Vorschläge in seinem Wirkungsbereich auf den Weg der Verwirklichung zu bringen" (Muth zitiert nach Hüwe 2000: 27).

Umfassende Modellversuche zur Prüfung und Erprobung integrativer Arbeitsformen im Elementarbereich fanden dann in der Zeit ab 1978 bis 1987 statt. Wolfgang Dichans charakterisiert diese Zeit als die *Phase der Modellversuche* (vgl. Dichans 1993: 7). Im Unterschied zu den bisherigen Projekten, die jeweils durch einzelne Personen initiiert wurden, entstanden einige dieser Modellversuche im Rahmen der Forschungsförderung des Bundesministeriums für Bildung und Wissenschaft (BMBW) (vgl. Vernooij 2005: 100). In der Mehrzahl der (alten) Bundesländer

(Hessen, Rheinland-Pfalz, Bayern, Bremen, Berlin, Saarland und Nord-rhein-Westfalen) entstanden somit umfassende Erprobungsprojekte, von denen einige intensiv von wissenschaftlicher Seite begleitet wurden. Daneben richtete im Jahr 1979 das Deutsche Jugendinstitut (DJI) in München eine eigene Projektgruppe zu diesem Thema ein (vgl. Dichans 1993: 7). Diese dokumentierte und koordinierte die integra-tionspädagogische Praxis im Elementarbereich auch außerhalb der vom Bundesministerium für Bildung und Forschung geförderten Modellver-suche (vgl. Schildmann/Völzke 1994: 7f.). Die Ergebnisse zeigten deut-lich, dass Kinder sowohl mit als auch ohne Beeinträchtigungen von der gemeinsamen Erziehung profitierten. Jens Lipski resümiert: „Es wurde immer wieder der Nachweis erbracht, daß das gemeinsame Spielen und Lernen in integrativen Gruppen nicht nur für die Entwicklung der be-hinderten Kinder sehr förderlich ist, sondern für alle Kinder – insbeson-dere auch im sozialen Bereich – mehr Anregungen und Lernmöglichkei-ten bietet" (Lipski 1990: 22).

Zu dieser Zeit wurde die integrative Gruppe als Form der gemeinsamen Erziehung präferiert (vgl. Dichans 1993: 7), die Alfred Hössl folgender-maßen beschreibt: „Mit der *integrativen Kindergruppe* hat sich neben den traditionellen Regelgruppen und Sondergruppen eine neue Grup-penform mit spezifischer Qualität herausgebildet, die sich die gemein-same Erziehung von behinderten und nichtbehinderten Kindern zur dauerhaften Aufgabe gemacht hat. Sie hat eine durchschnittliche Grup-pengröße von 12-15 Kindern, davon sind ca. 3-5 Kinder behindert. Sie ist in der Regel altersgemischt und wird mindestens von zwei ständigen Kräften betreut" (Hössl 1999: 151). Integrative Gruppen bestehen zum einen in integrativen Kindertageseinrichtungen, die sich ausschließlich aus integrativen Gruppen zusammensetzen. Zum anderen existieren integrative Gruppen auch in Kindertageseinrichtungen, die darüber hi-naus weitere Regelgruppen führen. Birgit Papke führt dazu aus: „Es gibt Kindertageseinrichtungen und Kindergärten, die ausschließlich integrativ arbeiten, und solche, die eine oder mehrere integrative Gruppen neben Regelgruppen anbieten. In einigen Bundesländern existiert zusätzlich zu den genannten Formen die Variante, dass eine Sonder- und eine Regel-einrichtung unter einem Dach angesiedelt sind und in der Praxis Ange-bote für Kinder mit Behinderung und Kinder ohne Behinderung ge-meinsam gestalten – bis hin zu einer permanenten gemeinsamen Erzie-hung der Kinder in den Gruppen" (Papke 2007).

Eine weitere Form der integrativen Erziehung besteht in der Einzelintegration. Diese liegt vor, wenn eine Regelkindertageseinrichtung bei gleich bleibender Gruppengröße einzelne Kinder mit Beeinträchtigung aufnimmt (vgl. Hössl 1999: 151). Ein Vorteil dieser Form gegenüber der integrativen Gruppe liegt darin, dass die jeweiligen Kinder wohnortnah eine Kindertageseinrichtung besuchen können, da integrative Gruppen nicht flächendeckend bestehen. Nachteilig können sich dagegen die unveränderte Gruppengröße, die unzureichende personelle Ausstattung und die fehlenden heilpädagogischen und therapeutischen Möglichkeiten für die Betreuung der Kinder mit Beeinträchtigungen auswirken (vgl. a.a.O.: 152f.).

Wie viele Einrichtungen gab es damals, die die integrative Erziehung unterstützten? Während der Phase der Modellversuche wurden in Deutschland im Jahr 1981 circa 60 integrativ arbeitende Einrichtungen erfasst (vgl. Rothmayr 1989: 40). Umso bemerkenswerter ist die Tatsache, dass bereits fünf Jahre später 157 dieser Einrichtungen erfasst wurden. Über die Hälfte der genannten Institutionen waren ihrer Organisationsform nach Sondereinrichtungen oder kombinierte Sonder- und Regeleinrichtungen. Im Kindergartenjahr 1986/87 standen 1.300 Plätze für Kinder mit Beeinträchtigungen in integrativen Gruppen zur Verfügung, während noch 21.000 Kinder in homogenen Sondergruppen betreut wurden. Man vermutet, dass die Zahl der in Regeleinrichtungen betreuten Kinder mit Beeinträchtigungen nicht viel niedriger lag als die Zahl der in Sondereinrichtungen betreuten Kinder. Alfred Hössl weist darauf hin, dass ein exakter quantitativer Überblick für diese Zeit nicht erbracht werden könne. Dies sei darauf zurückzuführen, dass es zum einen keine regelmäßigen Erhebungen gegeben habe und zum anderen im Bereich der Einzelintegration in Regelkindergärten nur regionale Daten vorlägen. Aus diesen könne man lediglich grobe Schätzungen über die Gesamtsituation in der Bundesrepublik ableiten (vgl. Hössl 1999: 153f.).

Nach erfolgreichem Abschluss der Modellversuche beginnt 1985 die *Phase des Ausbaus*, die bis heute andauert. In ihr wurden die positiven Erfahrungen der Modellversuche in die Praxis umgesetzt (vgl. Dichans 1993: 7). Gab es im alten Bundesgebiet Anfang 1987 erst circa 160 integrative Einrichtungen, so erfasste man 1992 in elf (alten und neuen) Bundesländern bereits 530 Einrichtungen mit circa 850 integrativen Gruppen. Aufgrund der föderalen Struktur erfolgte der Ausbau in den einzelnen Bundesländern jedoch mit einer sehr unterschiedlichen Intensität (vgl. BMAS 1994: 81f.). Kennzeichnend für die Phase des Ausbaus ist, dass sich die verantwortlichen Gremien zunehmend für eine Ausdehnung gemeinsamer Erziehung im Elementarbereich einsetzten. Positive Erklärungen lagen mittlerweile beispielsweise von der Konferenz der Jugendminister und -senatoren der Länder, der Arbeitsgemeinschaft für Jugendhilfe, der Bundesarbeitsgemeinschaft der Landesjugendämter und überörtlichen Erziehungsbehörden vor (vgl. Dichans 1993: 7). Ein Auszug aus dem dritten *Bericht der Bundesregierung über die Lage der Behinderten und die Entwicklung der Rehabilitation* verdeutlicht dies: „In ihrem Beschluß vom 19. Mai 1989 haben die Jugendminister und -senatoren der Länder den Ausbau der verschiedenen Formen gemeinsamer Förderung und Erziehung begrüßt und empfohlen, diesen je nach den örtlichen Gegebenheiten weiterhin gezielt fortzusetzen. In einer Abschlußtagung des vom Bundesministerium für Bildung und Wissenschaft geförderten Projektes ‚Integration von Kindern mit besonderen Problemen' im November 1990 wurde ebenfalls eine positive Bilanz bisheriger Integrationsbemühungen deutlich" (BMAS 1994: 82). Die Frage, ob die Integration von Kindern mit Beeinträchtigungen sinnvoll sei oder nicht, stellte sich zu diesem Zeitpunkt nicht mehr. Vielmehr dachte man nun über ihre praktische und theoretische Ausgestaltung nach. Immer mehr Träger und Politiker wurden aktiv und suchten nach Möglichkeiten, die Integration in ihrem Einflussbereich voranzubringen. Zum einen wurden integrative Einrichtungen neu gegründet, zum anderen wandelte man bereits bestehende Regel- und Sondereinrichtungen zu Orten gemeinsamer Erziehung um (vgl. Dichans 1993: 7f.).

Einen erheblichen Beitrag zum Ausbau des integrativen Platzangebotes leistete das am 1.1.1991 in Kraft getretene Kinder- und Jugendhilfegesetz. Nach § 1 Abs. 1 SGB VIII gilt nunmehr ausdrücklich: „Jeder junge Mensch hat ein Recht auf Förderung seiner Entwicklung und auf Erziehung zu einer eigenverantwortlichen und gemeinschaftsfähigen Persönlichkeit" (Münder u.a. 2006: 106). Es wird deutlich, dass sich die Formulierung auf alle jungen Menschen bezieht. Welche Auswirkungen dieses Gesetz auf den Bereich der Kindertageseinrichtungen innerhalb der Bundesländer hatte, beschreibt Sabine Lingenauber folgendermaßen: „Damit waren die einzelnen Bundesländer aufgefordert, ihre landeseigenen Kindergartengesetze so zu verändern, dass nunmehr auch die

Erziehung behinderter Kinder einen Bestandteil des gesetzlichen Auftrages jedes Kindergartens bildet" (Lingenauber 2002: 166). Die Gesetzesänderung begünstigte den Ausbau integrativer Plätze in Deutschland weiter. Im Jahr 1994 wurde in der amtlichen Kinder- und Jugendhilfestatistik erstmals die Kategorie „Plätze für behinderte Kinder in integrativen Tageseinrichtungen" aufgeführt. Der Vergleich der Erhebungsergebnisse aus den Jahren 1994 und 1998 belegt, dass im gesamten Bundesgebiet ein Ausbau des Platzangebotes für Kinder mit Beeinträchtigungen im Kindergartenbereich stattgefunden hat. Für den genannten Zeitraum lässt sich ein Zuwachs von 59,5% auf 30.078 integrative Plätze feststellen (vgl. Rietzke/Schilling 2001: 1). In Sondereinrichtungen standen zur selben Zeit noch 15.682 Plätze zur Verfügung (BMBF 2004: 159). Erwähnenswert ist in diesem Zusammenhang, dass auf Länderebene große Unterschiede in der Entwicklung des Platzangebotes bestehen. Diese Differenzen sind auf die unterschiedlichen Regelungen innerhalb der einzelnen Bundesländer in Deutschland zurückzuführen (vgl. Rietzke/Schilling 2001: 1).

Die Integrationsbewegung schritt weiter voran. Der Vergleich der Erhebungsergebnisse aus den Jahren 1998 und 2002 ergab, dass im gesamten Bundesgebiet ein Ausbau von Plätzen für Kinder mit Beeinträchtigungen in integrativen Tageseinrichtungen im Kindergartenbereich um 32,3% auf 39.799 Plätze stattgefunden hatte (vgl. Statistisches Bundesamt 2004: 14.1). Eine ausführliche Darstellung der quantitativen Entwicklung in diesem Bereich gibt Matthias Schilling (vgl. Schilling 2007).

Auf der Ebene der konzeptionellen Grundlagen gemeinsamer Erziehung finden in Deutschland hauptsächlich die drei folgenden Ansätze im Elementarbereich Berücksichtigung: erstens die Montessoripädagogik, zweitens die Integrative Kindergartenpädagogik nach der Aneignungstheorie Georg Feusers und drittens der Situationsansatz (vgl. Hössl 1999: 149).

Zusammenfassend ist festzuhalten, dass die Integration im Elementarbereich in Deutschland Ende der 1960er-Jahre durch Einzelinitiativen initiiert wurde. Bei den Protagonisten handelte es sich insbesondere um Eltern von Kindern mit Beeinträchtigungen, die sich gegen die isolierende Betreuung ihrer Kinder in Sonderkindergärten wandten und sich für gleiche Bildungsmöglichkeiten und ein Leben in der Gesellschaft einsetzten. Im Laufe der Zeit fanden die betroffenen Eltern Unterstützung

durch Eltern von Kindern ohne Beeinträchtigungen, ÄrztInnen, FrühförderInnen, ErzieherInnen und WissenschaftlerInnen, so dass es ab dem
Jahr 1978 zu einer Phase von Modellversuchen kommen konnte. Initiiert durch die positiven Erfahrungen mit der gemeinsamen Erziehung
während der Modellversuche, fand seit 1985 ein Ausbau integrativer
Betreuungsplätze in Deutschland statt, der bis heute anhält. In den einzelnen Bundesländern differiert die Ausgestaltung der Integration hinsichtlich sowohl ihrer Quantität als auch ihrer Qualität zum Teil erheb-
lich. Das bedeutet, dass von einem einheitlichen Gesamtkonzept hinsichtlich der gemeinsamen Erziehung in Deutschland nicht gesprochen
werden kann. Für ein besseres Verständnis der Ausgangssituationen in
den beiden Ländern Deutschland und Italien wird im nun folgenden
Abschnitt auch die historische Entwicklung der Integration in Italien
dargestellt.

2.2 Historische Entwicklung der Integration von Kindern mit Beeinträchtigungen im Elementarbereich in Italien am Beispiel Reggio Emilia

Historischer Ausgangspunkt für die Integrationsbewegung in Italien waren basisdemokratische Proteste gegen gesellschaftspolitische Macht-
strukturen wie Zentralismus, autoritäre Hierarchien in Regierung und
Parteien sowie im Bildungs- und Sozialwesen in den 1960er-Jahren.
Diese Proteste hatten zur Folge, dass öffentlich über die isolierende
Wirkung von Institutionen für Menschen mit Beeinträchtigungen diskutiert wurde. Stützen konnten sich diese Proteste auf antifaschistische
Gruppen, die bereits während der Herrschaft Mussolinis aktiv waren
(vgl. Kaplan u.a. 1993: 24). Ludwig-Otto Roser schreibt in diesem Zusammenhang: „Ende der 60er, Anfang der 70er Jahre gab es in Italien
eine umfassende gesellschaftliche Bewegung, die zunächst nichts anderes zum Ziel hatte, als aufzuzeigen, was den Behinderten, den Schwa-
chen, den von jeher auch kulturell und ökonomisch an den Rand ge-
drängten Menschen in ihrer Entwicklung geschadet hat und heute noch
schadet" (Roser 1998: 26). Diese Bewegung trug den Namen „anti-
emarginazione" (gegen Aussonderung), d.h., sie setzte sich gegen das
Abdrängen von Menschen in Randpositionen ein. Ludwig-Otto Roser
weist darauf hin, dass die Ideen der „anti-emarginazione" in den

1970er-Jahren zum Programm jeder politischen Versammlung (mit Ausnahme der Rechten) gehörten (vgl. a.a.O.: 26ff.). In ihrem Aufsatz *Integration von Menschen mit Behinderung in Italien* unterstreicht Edith Brugger-Paggi diesen Sachverhalt: „Integration ist in Italien eine politische Entscheidung gewesen, vorangetragen von einer Mitte-Links-Regierung, jedoch mit großem Konsens auch in einem Großteil der Bevölkerung" (Brugger-Paggi 2000: 163).

Die Integration von Kindern mit Beeinträchtigungen im Elementarbereich in Italien ist Teil einer gesamtgesellschaftlichen Reformbewegung in den 1960er- bzw. 1970er-Jahren. Zu nennen ist in diesem Bereich zunächst die nationale Psychiatriereform. Die Kritik an der „totalen Institution" führte zum Gesetz 180/1978, das die Auflösung geschlossener psychiatrischer Kliniken zur Folge hatte. Die antipsychiatrische Bewegung wurde auch auf den Kinder- und Jugendbereich übertragen, so dass im Jahre 1977 per Nationalgesetz die Sonderschulen abgeschafft wurden (vgl. Filippini Steinemann 1995: 70). Concita Filippini Steinemann schreibt: „Das Gesetz 517, das als ‚Integrationsgesetz' bekannt ist, bringt eine radikale Abkehr von den bisherigen Bestimmungen, da mit einem Schlag die Förder- und Differenzialklassen – also alle Sonderklassen – aufgelöst werden" (a.a.O.: 75). Das bedeutete, dass die bislang bestehenden Sonderschulen abgeschafft wurden und alle Kinder mit Beeinträchtigungen in den 1970er-Jahren Zugang zu den Krippen und Kindergärten erhielten (vgl. Roser 1998: 26f.).
In der norditalienischen Stadt Reggio Emilia wurde die gemeinsame Erziehung von Kindern mit und ohne Beeinträchtigungen bereits vor ihrer gesetzlichen Festschreibung praktiziert (vgl. Smith 1998: 201), was die folgende Stelle in der Veröffentlichung *I bambini disabili*[2] belegt: „Die Erfahrung mit der Integration[3] von Kindern mit Beeinträchtigun-

---

[2] Bei dieser Veröffentlichung handelt es sich nicht um eine Neuauflage des Manuskripts *Die behinderten Kinder. Bericht über Erfahrungen in den kommunalen Krippen und Kindergärten der Region Reggio Emilia* von Loris Malaguzzi aus dem Jahr 1976, sondern um eine Publikation der Kommune Reggio Emilia aus dem Jahr 1993.
[3] In der vorliegenden Publikation *I bambini disabili (1993)* wird sowohl der Begriff „Integration" (integrazione) als auch der Begriff „Eingliederung" (inserimento) verwendet.

gen[4] in kommunalen Einrichtungen reicht zurück bis ans Ende der 1960er-Jahre. Damals führte man die Archive noch nicht mit der Genauigkeit von heute, jedoch kann mit Sicherheit der Eintritt eines Kindes mit (geistiger) Beeinträchtigung[5] im Jahr 1969 im Kindergarten Robinson nachgewiesen werden" (Comune di Reggio Emilia 1993: 16, Übersetzung d. Verf.).

Die Entwicklung der Integration in Italien wurde in ihren Prinzipien auch durch die Gesundheitsreform von 1978 beeinflusst. Artikel 2 des entsprechenden Gesetzes besagt, dass der italienische Gesundheitsdienst für die Integration Sorge zu tragen hat: „Der gesamtstaatliche Gesundheitsdienst strebt im Rahmen seiner Zuständigkeit die Förderung der Gesundheit im Entwicklungsalter an, indem die Verwirklichung der schulmedizinischen Dienste in den öffentlichen und privaten Schulen aller Typen und Grade (angefangen beim Kindergarten) gewährleistet und mit allen Mitteln die Integration der Behinderten begünstigt wird" (Riforma sanitaria [23.12.1978] zitiert nach Filippini Steinemann 1995: 77).

Durch die Gesundheitsreform wurden lokale Gesundheitseinheiten, die so genannten unità sanitarie locali (USL), eingerichtet, die die zersplitterten Zuständigkeiten und Kompetenzen auf dem medizinisch-sozialen Gebiet vereinheitlichten (vgl. ebd.). Auch in Reggio Emilia wurde eine USL eingerichtet, die im Rahmen eines Abkommens mit der dortigen Stadtverwaltung das Recht von Kindern mit Beeinträchtigungen auf Besuch der kommunalen Krippen und Kindertageseinrichtungen festschrieb: „Die USL und die Stadtverwaltung erkennen im Rahmen einer erweiterten und programmatischen Interventionspolitik im Gesundheits- und Erziehungssektor für Kinder und Familien an, dass Kinder mit Beeinträchtigungen[6] ein Recht auf den Besuch kommunal geführter Krippen und Kindertageseinrichtungen haben. Dieses Recht wird, aufgrund des Prioritätskriteriums, auch bei starker Selektion der Zulassungsanträge geschützt" (Comune di Reggio Emilia 1993: 17, Übersetzung d. Verf.).

---

[4] Der Begriff „bambini disabili" wird hier mit „Kinder mit Beeinträchtigungen" übersetzt.
[5] Der Begriff „un bambino con handicap (insufficiente mentale)" wird an dieser Stelle mit „ein Kind mit (geistiger) Beeinträchtigung" übersetzt.
[6] Der Begriff „bambini disabili" wird hier mit „Kinder mit Beeinträchtigungen" übersetzt.

Das Zitat und insbesondere der Passus „im Rahmen einer erweiterten und programmatischen Interventionspolitik im Gesundheits- und Erziehungssektor für Kinder und Familien" machen deutlich, dass die Integration von Kindern mit Beeinträchtigungen im Elementarbereich Teil einer umfassenden gesellschaftlichen Reform war.

Das Recht auf „Eingliederung" besitzen in Italien alle Kinder mit Beeinträchtigungen „unabhängig von Diagnose und Behinderungsgrad" (vgl. a.a.O.: 12). Der langjährige Pädagogische Direktor der kommunalen Kindertageseinrichtungen in Reggio Emilia, Loris Malaguzzi, verfasste in den 1970er-Jahren das Manuskript *Die behinderten Kinder. Bericht über Erfahrungen in den kommunalen Krippen und Kindergärten der Region Reggio Emilia*. Er unterstreicht hier, dass es das Recht eines jeden Kindes ist, sich in der Gemeinschaft mit anderen Kindern und Erwachsenen zu entwickeln. Er schreibt dazu: „Das, worauf es ankommt, ist, sie nicht voneinander zu trennen, nicht für sie eine Reihe von pädagogischen Maßnahmen zu konstruieren, sondern eine einzige neue Pädagogik, die (...) imstande ist, mit einer vorhersehbaren und bewußten Heterogenität von Problemen und Kindern umzugehen" (Malaguzzi 1976: 14).

Eingebettet in die gesamtgesellschaftliche Entwicklung in Italien, führte auch in Reggio Emilia „eine starke und weitreichende politische und kulturelle Opposition" zur Auflösung von Sondereinrichtungen für Kinder mit Beeinträchtigungen, wie beispielsweise des Instituts „Sante de Sanctis". Darüber hinaus sorgten politische Entscheidungen durch die Kommune und die Provinzialverwaltung dafür, dass die sozialen Dienste im Bereich der Hilfen für Kinder mit Beeinträchtigungen dezentralisiert wurden (vgl. a.a.O.: 2). Infolge dieser Dezentralisierung und der engen Verknüpfung der einzelnen Disziplinen untereinander wurde eine wohnortnahe Integration favorisiert (vgl. a.a.O.: 6). Ein weiterer Auszug aus dem Abkommen zwischen USL und Stadtverwaltung verdeutlicht dies: „Die Wahl der erzieherischen Einrichtung erfolgt in der Regel in Rücksicht auf das Wahlrecht der Familie und das Prinzip der Nähe" (Comune di Reggio Emilia 1993: 17, Übersetzung d. Verf.). Wenn die betreffende Kindertageseinrichtung jedoch die erforderlichen Kriterien hinsichtlich der Baustruktur nicht erfüllt, so ist diese Regel nicht unumstößlich (vgl. a.a.O.: 17f.). Innerhalb der Einrichtungen werden den ErzieherInnen PhysiotherapeutInnen, LogopädInnen, BetreuerInnen und SozialarbeiterInnen aus den sozialärztlichen Zentren zur Verfügung gestellt (vgl. Malaguzzi 1976: 7). Während einer Fachtagung in Berlin im November 1984 führt Loris Malaguzzi hierzu aus: „Enge Zusammenarbeit mit dem staatlichen Gesundheitsdienst, der therapeutische Maßnahmen durchführt, findet statt, während das Kita-Personal die pädagogischen Maßnahmen übernimmt" (Bezirksamt Schöneberg 1985: 74).

Kinder mit Beeinträchtigungen werden in Reggio Emilia als „Kinder mit besonderen Rechten" bezeichnet. Selbst bei großer Nachfrage wird ihnen ein Platz in einer kommunalen Krippe oder Kindertageseinrichtung zugesichert (vgl. Smith 1998: 201).

In Reggio Emilia wird die Inklusion von Kindern mit besonderen Rechten durch eine Person, die so genannte *psychologische Pedagogista* (Fachberaterin), koordiniert. Zurzeit bekleidet dieses Amt Ivana Soncini. Sie ist für alle Kinder mit besonderen Rechten in den kommunalen Kindertageseinrichtungen verantwortlich und gehört zum pädagogischen Team. Ihre besondere Rolle besteht in der Koordination der Aktivitäten zwischen dem Kindertageseinrichtungsbereich und den verschiedenen Mitgliedern des Gesundheitssystems, dem sozialen Dienst und den kommunalen Gesundheitseinheiten, die medizinische und therapeutische Angebote für die Kinder bereitstellen. Einen intensiven Austausch pflegt sie mit PsychiaterInnen, NeurologInnen, PsychologInnen, SprachtherapeutInnen, PhysiotherapeutInnen und ÄrztInnen, mit denen sie sich mehrmals im Jahr trifft, um die gemeinsame Arbeit zu koordinieren (vgl. a.a.O.: 202). In einem Interview mit Cathleen Smith erläutert Ivana Soncini ihren zusätzlichen Aufgabenbereich: „Ich bin die Hauptansprechpartnerin bei Anfragen, Familientreffen, ich helfe Eltern eines Kindes mit Beeinträchtigung[7] bei der Auswahl einer Krippe oder einer Kindertageseinrichtung, überprüfe, ob eine zusätzliche Ausstattung erforderlich ist, bestärke die Eltern der anderen Kinder beim ersten Elterntreffen des Schuljahres und unterstütze alle Erzieherinnen[8] und das Personal durch interne Fortbildungen" (ebd., Übersetzung d. Verf.).

Darüber hinaus unterstützt Ivana Soncini das ganze Personal auch durch Verbesserungsvorschläge für die räumliche Umgebung, die Ein-

---

[7] Bei Übersetzungen aus der englischsprachigen Literatur ist zu beachten, dass hier bereits eine Übersetzung aus dem Italienischen stattgefunden hat. Der Begriff „a child with disabilities" wird im Folgenden immer mit „ein Kind mit Beeinträchtigungen" übersetzt.

[8] Die Begriffe „teacher" und „educator" werden im Folgenden mit „Erzieherin" übersetzt.

richtung und die Materialien. Sie bildet die Erzieherinnen auch für spezielle Pflegeaktivitäten aus und empfiehlt Materialien und Aktivitäten, die dem Kind helfen, sich im Klassenraum zurechtzufinden. Hatte ein Kind mit besonderen Rechten bis zum Eintritt in die Kindertageseinrichtung noch wenig Gruppenerfahrung, so erarbeitet sie zusammen mit den Erzieherinnen verschiedene Aktivitäten, die das Kind zur sozialen Interaktion mit anderen Kindern ermutigen. Gleichzeitig unterstützt sie die Erzieherinnen auch bei der Zusammenarbeit mit den einzelnen Familien (vgl. a.a.O.: 202f.). Eine weitere Aufgabe liegt in der Unterstützung eines sanften Übergangs von der Kindertageseinrichtung zur Schule durch eine frühzeitige Kooperation des Personals der Kindertageseinrichtung und der zukünftigen Schule. Im nachfolgenden Zitat unterstreicht Ivana Soncini die Wichtigkeit einer interdisziplinären Zusammenarbeit im Hinblick auf die Inklusion von Kindern mit Beeinträchtigungen: „Im Allgemeinen sind wir der Ansicht, dass Treffen zwischen Eltern, Erzieherinnen, Therapeuten und Beamten der Kommune den Zugang der Kinder mit Beeinträchtigungen zu ihrem gesamten städtischen Umfeld unterstützen und dass die Eltern gleichzeitig ermutigt werden, sich mit den Kernpunkten zu beschäftigen, mit denen ihr Kind als junger Mensch in der Zukunft konfrontiert sein wird" (a.a.O.: 203, Übersetzung d. Verf.).

In den kommunalen Krippen und Kindertageseinrichtungen in Reggio Emilia wird pro Gruppe ein Kind mit besonderen Rechten aufgenommen, und je nach Intensität der erforderlichen Hilfe wird eine Unterstützungserzieherin zusätzlich zu den beiden Erzieherinnen beschäftigt. Diese Unterstützungserzieherin ist jedoch nicht nur für das Kind mit besonderen Rechten zuständig, sondern richtet ihre Aufmerksamkeit wie die beiden anderen Erzieherinnen auf die ganze Gruppe (vgl. a.a.O.: 202).
Durch die Erfahrungen der frühzeitigen „Eingliederung" von Kindern mit Beeinträchtigungen wurden in Reggio Emilia nicht nur eine schnellere Rehabilitation begünstigt, sondern gleichzeitig auch die sozialen Folgen der Beeinträchtigung verringert. Den zusammengefassten Ergebnissen der Ausschusssitzungen des Forums „Bambini disabili" der Kommune Reggio Emilia im Jahr 1992/93 ist zu entnehmen, dass durch die „Eingliederung" von Kindern mit Beeinträchtigungen eine „Kultur der Auf-

nahme des ‚Anderen'" geschaffen wurde (vgl. Comune di Reggio Emilia 1993: 12, Übersetzung d. Verf.).

Wie konnte sich gerade in Reggio diese besondere Pädagogik entwickeln? Zur Beantwortung dieser Frage wird zunächst das folgende Zitat aus dem *Reggio Children Newsletter Rechild*[9] herangezogen: „Die leitenden Werte dieser Gemeinschaft wurden durch ihre besonderen geschichtlichen und kulturellen Wurzeln hervorgerufen: ein lang bestehendes Engagement für die Rechte aller Menschen und die von Kindern im Besonderen, eine Liebe zur Innovation und zum Experimentieren, das Gefühl, zu einer Gemeinschaft zu gehören, und das Verantwortungsbewusstsein gegenüber dieser Gemeinschaft" (Reggio Children 1996b: 11, Übersetzung d. Verf.).
Durch das Zitat wird deutlich, dass sich die Inhalte der bestehenden Pädagogik auf die besonderen geschichtlichen und kulturellen Wurzeln der Stadt Reggio Emilia zurückführen lassen. Das „lang bestehende Engagement für die Rechte aller Menschen" (ebd.) reicht bis ins Mittelalter zurück, als die Stadt bereits zu den ersten freien Kommunen Italiens zählte. Seit dieser Zeit sind in Reggio Emilia im Verlauf der Geschichte immer wieder soziale Bewegungen auszumachen, die sich politisch gegen feudale Gefüge und Unterdrückung wandten und sich für demokratische Strukturen engagierten. Elsbeth Krieg schreibt in diesem Zusammenhang: „Ende des 19. Jahrhunderts entwickelte sich in dieser Region, im Kampf gegen die elenden Lebensbedingungen und die Willkürherrschaft der Großgrundbesitzer, eine linkspolitische Bewegung. In diesem Zusammenhang entstanden erste genossenschaftliche Zusammenschlüsse, die sich auch im politischen Kampf engagierten" (Krieg 1993: 10f.). Die Region Emilia Romagna gilt seit langem als Italiens „rote Region", in der die Gesellschaftsvorstellung eines „vivere insieme" (gemeinsam leben) weit verbreitet ist (vgl. Göhlich 2005: 133f.).

---

[9] Die zweisprachige Zeitung *Rechild (Reggio Children Newsletter)* wird von Reggio Children in regelmäßigen Abständen in italienischer und englischer Sprache herausgegeben. Sie liefert Informationen über alle aktuellen pädagogischen und organisatorischen Vorhaben, weist auf aktuelle Publikationen hin und „stellt grundsätzliche Positionen und Visionen in ihrem Forum zur Diskussion" (vgl. Küppers 2004a: 96).

Das oben angeführte Zitat aus der Zeitung *Rechild* macht deutlich, dass sich die Pädagogik auch aus dem langen Engagement insbesondere für die Rechte von Kindern entwickelt hat (vgl. Reggio Children 1996b: 11). Dieses Interesse für Kinder hat in Reggio Emilia eine lange Tradition. Bereits im Jahr 1912 wurde der erste kommunale Kindergarten gegründet, der jedoch kurze Zeit später aufgrund der faschistischen Machtübernahme geschlossen werden musste (vgl. Krieg 1993: 14). Während des Zweiten Weltkrieges bildete sich in Reggio Emilia eine starke Widerstandsbewegung, die so genannte „Resistenza", durch die sich die Stadt noch vor dem Eintreffen der Westalliierten selbst befreien konnte (vgl. Göhlich 2005: 136). Bereits kurz nach Kriegsende zeigte sich erneut das starke Engagement für die Rechte der Kinder. Inmitten von Trümmern entschlossen sich die Reggianer zum Bau eines Kindergartens in dem Vorort Villa Cella (vgl. Krieg 1993: 14). Durch den Verkaufserlös eines zurückgelassenen Panzers und die unermüdliche gemeinschaftliche Hilfe der gesamten Dorfbevölkerung wurde der Grundstein der Reggio-Pädagogik gelegt. Ziel des Vorhabens war es zunächst, den Kindern der Bauern, der Tagelöhner und Fabrikarbeiter eine Erziehung und Bildung zu ermöglichen, die Abstand von jeglichem Standesdenken nahm (vgl. Barazzoni 2000: 18ff.). Der Kindergarten sollte nicht mehr nur die Funktion der Betreuung der unbeaufsichtigten Kinder übernehmen; es ging vielmehr um die Erprobung einer neuen Erziehung auf demokratischer Basis (vgl. Krieg 1993: 14). Diese Erziehung beruhte auf einem gänzlich neuen Verständnis von Kindheit (vgl. Sommer 1999: 8), das die Bedürfnisse und die Interessen des Kindes in den Mittelpunkt rückte (vgl. Krieg 1993: 9).

Loris Malaguzzi, der die damaligen Ereignisse am Ort miterlebte, beschreibt seine Eindrücke folgendermaßen: „Ich war bewegt durch die Art und Weise, wie es alle Logik und Voreingenommenheit umstieß, die alten Regeln, welche die Pädagogik bestimmten, die Kultur, wie es alles zurück an den Anfang zwang. Es eröffnete komplett neue Denkhorizonte" (Malaguzzi 2000: 14, Übersetzung d. Verf.). An dieser Stelle wird deutlich, was mit der „Liebe zur Innovation und zum Experimentieren" als geschichtlicher und kultureller Wurzel der Reggio-Pädagogik gemeint ist. Die Reggianer erprobten eine ganz neue Pädagogik, für deren Weiterentwicklung sie sich seit 1945 immer wieder die folgende Frage stellten: „Wohin wollen wir unsere Kinder erziehen?" Bei dem Versuch der Beantwortung dieser Frage gingen die Reggianer kontinuierlich innovative Wege, um den Kindern gerecht zu werden (vgl. Dreier 2006: 35).

Nach dem Bau des Kindergartens in Villa Cella Mitte der 1940er-Jahre wurden noch weitere Einrichtungen durch die Initiative der Bürger gegründet. Laut Michael Göhlich leisteten insbesondere die Genossenschafts-, die Frauen- und die Widerstandsbewegung in Reggio Emilia einen erheblichen Beitrag zur Entstehung (der Vorläufer) der kommunalen Kindertageseinrichtungen (vgl. Göhlich 2005: 142). Bis zum Jahr 1968 bewegten sich diese ursprünglich in der Selbstverwaltung entstandenen Einrichtungen in einer gesetzlich halblegalen Situation. Das Gesetz Nr. 444 beendete schließlich die Monopolstellung der katholischen Kirche als alleinigen Trägers und machte den Weg frei für die Gründung kommunaler Kindertageseinrichtungen (vgl. Barazzoni 2000: 25). Im Jahr 1971 kamen schließlich auch die ersten Krippen in die Trägerschaft der Kommune (vgl. Küppers 2004b: 58).

In der Anfangszeit waren die kommunalen Einrichtungen noch starken Diffamierungen seitens des traditionellen Bildungswesens ausgesetzt. Erst durch einen anhaltenden Dialog zwischen Eltern, PädagogInnen, PolitikerInnen und verschiedenen kirchlichen Gruppen konnte die Anerkennung der pädagogischen Arbeit in den kommunalen Einrichtungen erzielt werden (vgl. Krieg 1993: 16). Dieses Durchhaltevermögen und die immer wieder neu in Gang gesetzten Bemühungen gegen alle Widerstände spiegeln sehr deutlich das lang bestehende Engagement für Kinder wider. Gleichzeitig konnte durch die vorangegangenen historischen Darstellungen gezeigt werden, dass die Inhalte der Reggio-Pädagogik ebenso auf „das Gefühl, zu einer Gemeinschaft zu gehören, und das Verantwortungsbewusstsein gegenüber dieser Gemeinschaft" zurückzuführen sind (vgl. Reggio Children 1996b: 11).

In Abkehr von der bislang üblichen Erziehung im Vorschulalter wurden die kommunalen Einrichtungen der Null- bis Dreijährigen als Nest (nido) bezeichnet. Die Einrichtungen der Drei- bis Sechsjährigen wurden Schulen der Kindheit (scuole dell'infanzia)[10] genannt (vgl. Krieg 1993: 9).

---

[10] Im weiteren Verlauf dieses Buches werden die „scuole dell'infanzia" nicht wie in Reggio Emilia als Schulen der Kindheit, sondern als Kindertageseinrichtungen bezeichnet. Bei der Übersetzung aus der englischsprachigen Literatur wurde der Begriff „school" nur an jenen Stellen nicht mit Kindertageseinrichtung wiedergegeben, wo es sich auch um weiterführende Schulen bis hin zum Erwachsenenalter handelt.

Heute gibt es in Reggio Emilia 33 kommunale Einrichtungen, in denen Kinder von den ersten Lebensmonaten bis zum Alter von sechs Jahren betreut werden (vgl. Dahlberg/Moss 2006: 2).
Die Inhalte dieser inklusiven Pädagogik lassen sich auf die historischen, gesellschaftlichen und kulturellen Wurzeln der Stadt Reggio Emilia zurückführen. In dem von Reggio Children herausgegebenen Film *Not just anyplace* wird dieser Zusammenhang sehr deutlich (vgl. Reggio Children 2002b). Es konnte gezeigt werden, dass sich der Gedanke von Solidarität, Demokratie, Teilhabe und Verantwortung in der Region Emilia Romagna und in der Stadt Reggio Emilia im Besonderen durch die historischen Bedingungen hat kultivieren können.

Zusammenfassend ist festzuhalten, dass die Integration von Kindern mit Beeinträchtigungen im Elementarbereich in Italien Teil gesamtgesellschaftlicher Reformen war. Ausgangspunkt dieser Reformen waren basisdemokratische Protestbewegungen Ende der 1960er-Jahre, die sich gegen veraltete und undemokratische Strukturen wandten. Aus diesen entwickelte sich eine breite Bürgerbewegung, die öffentlich über die isolierende Wirkung von Sondereinrichtungen für Menschen mit körperlichen, geistigen und psychischen Beeinträchtigungen diskutierte. Im Rahmen der Psychiatriereform wurden schließlich im Jahr 1978 die geschlossenen psychiatrischen Anstalten per Gesetz aufgelöst. Die antipsychiatrische Bewegung wurde auch auf den Kinder- und Jugendbereich übertragen, so dass man auch hier per Nationalgesetz bereits im Jahr 1977 die Sonderschulen abschaffte. Gleichzeitig hatten nun auch alle Kinder mit Beeinträchtigungen Zugang zu den Krippen und Kindergärten. Die Entwicklung der Integration in Italien wurde in ihren Grundsätzen auch durch die Gesundheitsreform von 1978 beeinflusst. Ausschlaggebend für die schnelle Verwirklichung der Integration auf institutioneller Ebene waren gesetzliche Vorgaben. In Italien beruht die Integration somit auf einer politisch breit getragenen Entscheidung.
Die vorangegangenen Ausführungen zur Entwicklung der Integration im Elementarbereich in Deutschland und Italien konnten zeigen, dass in den beiden Ländern sehr unterschiedliche historisch-gesellschaftliche Bedingungen für die Integration vorherrschten bzw. weiter vorherrschen.
Im nachfolgenden Teil wird nun näher auf den *Index für Inklusion* eingegangen.

3 Der Index für Inklusion

Der *Index für Inklusion* in Kindertageseinrichtungen wurde von den britischen Pädagoginnen und Pädagogen Tony Booth, Mel Ainscow und Denise Kingston entwickelt und bietet allen institutionellen Formen von Kindertageseinrichtungen eine Hilfestellung auf ihrem Weg zu einer inklusiven Einrichtung.

Die deutschsprachige Ausgabe des *Indexes für Inklusion* in Kindertageseinrichtungen wurde im Jahr 2006 von der Gewerkschaft für Erziehung und Wissenschaft (GEW) herausgegeben. Die Arbeitshilfe ist aus einer zunächst für die Schule entwickelten Version hervorgegangen. Diese will „die inklusive Entwicklung von Schulkulturen, -strukturen und -praktiken unterstützen. Es geht darum, Schulen den Einstieg in die Reflexion zu ermöglichen und für alle Aspekte von Unterschiedlichkeit sensibel zu sein – und das verbunden mit der Reduzierung aller Formen von persönlicher und institutioneller Diskriminierung" (Booth zitiert nach Boban/Hinz 2006: 144f.). Gleiches gilt für den Index in Kindertageseinrichtungen. Er repräsentiert einen Ansatz, der dazu auffordert, „sich mehr mit Erziehung, Bildung und Betreuung nach inklusiven Maßstäben zu befassen und nicht nur mit einer bestimmten Gruppe von Kindern und Jugendlichen" (vgl. Booth u.a. 2006: 10).

Nach dem Index ist mit dem Begriff der Inklusion die Erhöhung der Partizipation sowohl aller Kinder als auch der am Erziehungs- und Bildungsprozess beteiligten Erwachsenen zu verstehen. Booth und andere führen aus: „Dagegen meint Inklusion, wie wir sie im *Index* verstehen, die Partizipation von allen Kindern wie auch Erwachsenen zu steigern" (ebd.). Es wird deutlich, dass der Index seinen Fokus nicht nur auf die Inklusion von Kindern mit Beeinträchtigungen richtet, sondern vielmehr die Teilhabe aller am Erziehungs- und Bildungsprozess beteiligten Personen erhöhen möchte.

Auf dem Weg zu einer inklusiven Einrichtung stellt der Index Arbeitshilfen für einen begleitenden Prozess der Entwicklung und der Selbstevaluation zur Verfügung. Diese zur Reflexion anregenden Materialien stellen keine Ergänzung der zahlreichen möglichen Aktivitäten in Kindertageseinrichtungen dar, sondern sind „ein Weg, diese nach inklusiven Maßstäben zu gestalten" (vgl. ebd.). Er ist den Einrichtungen dabei behilflich, „ihre eigenen ‚nächsten Schritte' zu finden, um die Partizipation der Kinder und Jugendlichen an Spiel und Lernen zu erhöhen" (vgl. ebd.).

Die Konzeption der Arbeitsmaterialien ermöglicht es den Erzieherinnen, auf ihrem Wissen und ihren Erfahrungen aufzubauen, ganz unabhängig davon, wie „inklusiv" die Einrichtung zu Beginn der Arbeit mit dem Index bewertet wird (vgl. ebd.). Der Index „stützt die Entwicklung von Spiel, Lernen und Partizipation, indem er zum besten Einsatz der verfügbaren Ressourcen ermutigt, Barrieren in der Einrichtung selbst verringert und eine Kultur der Zusammenarbeit aufbaut" (ebd.).

An die Stelle des sonderpädagogischen Förderbedarfs tritt im Index für Inklusion der Begriff „Barrieren für Spiel, Lernen und Partizipation". Ziel ist es, den Fokus von den vermeintlich individuellen Schwierigkeiten des Kindes wegzulenken und mehr auf die Barrieren für das Lernen und die Teilhabe hinzuweisen. Booth und andere erläutern in diesem Zusammenhang: „Der Index bietet mit dem Begriff ‚Barrieren für Spiel, Lernen und Partizipation' ein alternatives Konzept zu ‚sonderpädagogischer Förderbedarf' an. Die Idee, dass die Schwierigkeiten von Kindern dadurch gelöst werden können, dass man bei einigen einen ‚sonderpädagogischen Förderbedarf' feststellt, kommt rasch an ihre Grenzen. Sie verleiht einigen Kindern und Jugendlichen ein Etikett, das zu niedrigeren Erwartungen führt. Es lenkt die Aufmerksamkeit nicht nur von den Schwierigkeiten von Kindern ohne dieses Etikett ab, sondern auch von den Ursachen der Probleme, die in den Beziehungen, Kulturen, den Inhalten der Aktivitäten und der Art der Ressourcen sowie in den Methoden der Mitarbeiter/innen, bei der Förderung des Lernens und Spiels und auch bei der Leitung und Organisation der Einrichtungen zu finden sein können" (a.a.O.: 16). Die genannten Barrieren können in verschiedenen Formen sowohl innerhalb der Einrichtung als auch außerhalb im Gemeinwesen und in der lokalen und staatlichen Politik verortet werden (vgl. ebd.).

3.1 Die drei Dimensionen des Indexes für Inklusion

Zur Strukturierung der inklusiven Entwicklung der Einrichtungen stellt der Index drei miteinander verwobene Dimensionen zur Verfügung. Innerhalb der Dimension A geht es um die Schaffung von inklusiven Kulturen. Diese Dimension zielt auf die Entwicklung einer „sicheren, akzeptierenden, kooperativen, anregenden Gemeinschaft" ab, in der jede(r) um seiner selbst willen geschätzt wird. Diese Wertschätzung stellt die Basis für den Bildungs- und Erziehungsprozess dar. Die inklusiven Werte werden gemeinsam entwickelt und zur Sicherstellung der Kontinuität allen neuen MitarbeiterInnen, Kindern, Leitungen und Eltern vermittelt. Die Prinzipien und Werte der inklusiven Kulturen bilden die entscheidenden Bezugspunkte für die Entwicklung von Strukturen und die alltägliche Praxis in der Einrichtung.

Jede der drei Dimensionen ist in zwei Abschnitte gegliedert. Im Falle der Dimension A lauten diese beiden zusammenfassenden Punkte „Gemeinschaft bilden" und „Inklusive Werte verankern". Zum erstgenannten Abschnitt existieren im nachfolgenden Teil des Indexes beispielsweise acht Indikatoren. Zu jedem der acht Indikatoren stellt der Index zahlreiche weitere Impulsfragen für die IndexnutzerInnen bereit. Die Anzahl der Indikatoren und die der dazugehörigen impulsgebenden Fragen variieren abschnitts- und dimensionsübergreifend.

Der Systematik des Indexes folgend, umfasst Dimension B die Etablierung inklusiver Leitlinien. In dieser Dimension „durchdringt Inklusion als Leitbild alle Pläne für die Einrichtung". Inklusive Leitlinien unterstützen die Partizipation aller Kinder und aller MitarbeiterInnen von Beginn an und stellen klare Strategien für inklusive Veränderungen zur Verfügung. Besonders unterstützt werden all jene Aktivitäten, „die die Fähigkeit einer Einrichtung, auf die Vielfalt der Kinder einzugehen, erhöhen" (vgl. a.a.O.: 21). Sämtliche Fördermöglichkeiten werden in einem Bezugsrahmen vereint. Die Dimension ist in die beiden Abschnitte „Eine Einrichtung für alle entwickeln" und „Unterstützung von Vielfalt organisieren" unterteilt.

In Dimension C, „Inklusive Praxis entwickeln", geht es um die praktische Ausgestaltung der Aktivitäten, die für inklusive Kulturen und Leitlinien stehen. Die Praxis in den Kindertageseinrichtungen wird so gestaltet, dass auf die Vielfalt der Kinder eingegangen wird. Booth und andere führen dazu aus: „Die Kinder werden ermutigt, sich einzubringen, indem sie auf ihr Wissen und ihre Erfahrungen außerhalb der Einrichtung zurückgreifen" (ebd.). Gleichzeitig werden Potenziale aktiviert, die bislang noch ungenutzt geblieben sind. „Die Mitarbeiter/innen erkennen materielle und individuelle Ressourcen, solche der Leitungsgremien der Träger und der Fachaufsicht/Fachberatung, der Kinder und Jugendlichen, der Eltern und des sozialräumlichen Umfelds, die mobilisiert werden können, um Spiel, Lernen und Partizipation zu fördern" (ebd.). Die Dimension ist in die beiden Abschnitte „Spiel und Lernen gestalten" und „Ressourcen mobilisieren" untergliedert.

3.2 Der Indexprozess

Nach der inhaltlichen Darstellung des *Indexes für Inklusion* wird nachfolgend der Indexprozess skizziert. Die Arbeitshilfe auf dem Weg zu einer inklusiven Einrichtung schlägt ein Konzept von fünf Phasen vor, die eine Einrichtung durchlaufen kann. Ziel und Grundverständnis des Indexes ist die Einbeziehung aller beteiligten Personen und Personengruppen.

In Phase 1 wird mit dem Index begonnen, und das so genannte Indexteam wird gebildet. Entsprechend der Idee einer inklusiven Kindertageseinrichtung für alle, werden bei der Bildung des Indexteams sämtliche Gruppen einbezogen. So können nicht nur MitarbeiterInnen Mitglieder des Teams werden, sondern auch Eltern, Vertreter der Gemeinde und des Trägers. Zunächst findet eine Auseinandersetzung mit dem Ansatz des *Indexes für Inklusion* statt, und das Indexteam befasst sich mit den dazugehörigen Arbeitsmaterialien. Grundlegende Begriffe wie beispielsweise „Inklusion", „Förderung" und „Barrieren und Ressourcen" werden gemeinsam erörtert und mithilfe der Indikatoren und Fragen vertieft (vgl. a.a.O.: 33ff.).

In Phase 2, „Die Einrichtungssituation beleuchten", sammeln alle beteiligten Gruppen Informationen über die derzeitige Praxis in der Kindertageseinrichtung. Zusätzlich zu den Ideen der Eltern, MitarbeiterInnen und Vertreter der Gemeinde und des Trägers werden auch das Wissen und die Ideen der Kinder erkundet, mit dem Ziel, im Anschluss Prioritäten für die weitere Entwicklung festzulegen (vgl. a.a.O.: 45ff.).

In Phase 3, „Einen inklusiven Plan entwerfen", werden diese Prioritäten mithilfe eines Planungsrahmens überarbeitet und in einen Entwicklungsplan eingefügt. Der Planungsrahmen entspricht den bereits vorgestellten Dimensionen A-C mit den jeweiligen Untergruppen, und der Entwicklungsplan enthält die jeweiligen Planungsschritte in Bezug auf die geplanten Veränderungen auf dem Weg zu einer inklusiven Kindertageseinrichtung (vgl. a.a.O.: 55ff.).

In Phase 4, „Den inklusiven Plan in die Praxis umsetzen", findet die Umsetzung der festgelegten Veränderungsschritte statt, und die Entwicklung wird kontinuierlich fortgeführt (vgl. a.a.O.: 60ff.).

In Phase 5, „Den Indexprozess evaluieren", wird der Prozess durch das Indexteam reflektiert und dokumentiert. Das Team evaluiert den gesamten Prozess mit dem Entwicklungsplan aus Phase 3. Hierbei werden alle Veränderungen der Alltagskultur, der Leitlinien und der Praxis berücksichtigt, und alle Beteiligten diskutieren über mögliche Modifikationen des Indexprozesses. Hilfestellungen leisten dabei die Indikatoren und Fragen des Indexes. Die Reflexion und die Evaluation des Teams führen wiederum zu Phase 2, damit der Prozess mit neuen Erkenntnissen erneut beginnen kann (vgl. a.a.O.: 66ff.).

Zusammenfassend ist festzuhalten, dass der *Index für Inklusion* darauf abzielt, allen am Bildungsprozess Beteiligten eine umfassende demokratische Partizipation zu ermöglichen. Darüber hinaus wird ein bestmöglich unterstütztes Lernen aller Kinder ohne Ausschluss angestrebt (vgl. Boban/Hinz 2006: 146).
Inklusion bedeutet somit, „den Lernenden die gleiche Achtung zu geben, ohne Rücksicht auf ihre Herkunft, ihr Geschlecht, ihre Ethnie, ihre Sexualität, ihre Beeinträchtigung oder Fähigkeit" (Booth zitiert nach Phillips 2005: 51, Übersetzung d. Verf.).

4 Inklusive Reggio-Pädagogik

Im folgenden Teil dieses Buches wird mithilfe des *Indexes für Inklusion* der Frage nachgegangen, an welchen Stellen die Reggio-Pädagogik ihren Anspruch auf Inklusion verwirklicht.

Wie bereits im historischen Teil zur Entstehung der Reggio-Pädagogik deutlich wurde, handelt es sich hierbei um eine Pädagogik, die Erziehung nur in einem gemeinschaftlichen Prozess erreichbar sieht.

Die Hauptakteure im Rahmen des kindlichen Erziehungs- und Bildungsprozesses in der Reggio-Pädagogik stellen sowohl Kinder als auch Erzieherinnen und Eltern dar. Alle genannten Systeme zusammen bilden eine Einheit, die von Sabine Lingenauber als „Sozialaggregat" bezeichnet wird (vgl. Lingenauber 2007: 10ff.). Jede einzelne soziale Gruppe steht in Wechselwirkung mit den anderen genannten Gruppen. Sabine Lingenauber führt dazu aus: „Sie sind als offene Systeme zu verstehen, die sich wechselseitig beeinflussen. (...) Erziehung in diesem Sinne ist also nicht das Ergebnis der Handlungen und Fähigkeiten Einzelner, sondern sie ist nur in einem gemeinschaftlichen Prozess zu realisieren" (a.a.O.: 11ff.).

Den Ausgangspunkt für diesen gemeinschaftlichen Prozess bilden die jeweiligen Kompetenzen und Fähigkeiten der einzelnen Gruppen. So verfügen sowohl Kinder als auch Erzieherinnen und Eltern über Potenziale, die sie durch die Interaktion und den Dialog miteinander für den kindlichen Erziehungs- und Bildungsprozess fruchtbar machen.

Für die Beantwortung der Frage des vorliegenden Buches: „Was macht die Reggio-Pädagogik zu einer inklusiven Pädagogik?" werden die einzelnen Systeme zwar analytisch voneinander getrennt betrachtet; sie bilden aber in Theorie und Praxis eine von Wechselwirkungen geprägte Einheit für die kindliche Erziehung und Bildung in den kommunalen Kindertageseinrichtungen in Reggio Emilia.

Ausgangspunkt für die Bearbeitung der Frage, was die Reggio-Pädagogik zu einer inklusiven Pädagogik macht, ist das reggianische Bild vom Kind, das im folgenden Abschnitt dargelegt wird.

4.1 Anthropologische Grundlage – Das Bild vom Kind

Grundlegend für die Reggio-Pädagogik ist das „reiche Bild vom Kind" (Filippini zitiert nach Lingenauber 2004b: 16). Die Reggianer gehen davon aus, dass jedes Kind bereits ab der Geburt über ein Reservoir von Kompetenzen und Ressourcen verfügt. Alle Kinder, d. h. sowohl Kinder mit als auch solche ohne Beeinträchtigungen, sind von Beginn an aktive und neugierige Wesen, die ihre eigenen Hypothesen in Bezug auf die sie umgebende Umwelt aufstellen. Sie besitzen die Fähigkeit, Dinge zu beobachten, Vorgänge nachzuvollziehen und durch ihre individuellen Lernstrategien zu Ergebnissen zu gelangen. Darüber hinaus ist jedes Kind bereits in der Lage, mit seiner Umgebung und seinen Mitmenschen zu kommunizieren. In einem Interview mit Carlo Barsotti führt Loris Malaguzzi im Jahr 1993 weiter aus: „Es ist eine hochgradig optimistische Vision vom Kind: ein Kind, das bei der Geburt viele Ressourcen und ein außergewöhnliches Potential hat, das uns immer wieder überrascht; ein Kind mit unabhängigen Mitteln, seine eigenen Denkprozesse, Ideen, Fragestellungen und Verhalten zu den Antworten aufzubauen; mit einer großen Fähigkeit, mit Erwachsenen zu sprechen; mit der Fähigkeit, Dinge zu beobachten und in ihrer Ganzheit zu rekonstruieren" (Malaguzzi 2004: 13).

Im Zentrum der Reggio-Pädagogik steht somit das Kind, das bereits ab der Geburt als ein kompetentes Wesen angesehen wird. Loris Malaguzzis Zitat deutet bereits auf mehrere zentrale Aspekte des Bildes vom Kind in der Reggio-Pädagogik hin, die im Nachfolgenden näher erläutert werden:

Das Kind als *eifriger Forscher*
Das Kind verfügt über *hundert Sprachen*
Das Kind als *Konstrukteur seines Wissens* (vgl. Lingenauber 2007: 16ff.)

4.1.1 Das Kind als eifriger Forscher

Das Kind wird in der Reggio-Pädagogik als eifriger Forscher angesehen. Das vorangegangene Zitat von Loris Malaguzzi zeigt, dass das Kind bereits ab der Geburt seine eigenen „Ideen" und „Fragestellungen" entwickelt und über die Fähigkeit verfügt, „Dinge zu beobachten und in ihrer Gesamtheit zu rekonstruieren" (vgl. Malaguzzi 2004: 13). Die

Reggio-Pädagogik geht davon aus, dass das Kind bereits ab seiner Geburt über die Fähigkeit zum Forschen verfügt.

Die Antriebskraft für den Forschergeist des Kindes sieht Loris Malaguzzi in der daraus resultierenden Freude am Staunen und der Überwindung der Eintönigkeit begründet. In der Dokumentation des Projekts *Alles hat einen Schatten, außer den Ameisen* schreibt er dazu: „Die Praxis zeigt, dass Kinder erbitterte Feinde der Langeweile, der vom Baum gefallenen Kokosnüsse und solcher Hände und Gehirne sind, die sich allein nach vorgeschriebenen Rhythmen bewegen. Kinder sind eine Art Wünschelrutengänger oder, besser noch, Vollzeit-Forscher, unermüdliche Veränderer von Aktionsabläufen, Ideen und Theorien, denn dies ist ihre bevorzugte Art, zu lernen, die Welt und das Leben zu erobern. Sie sind glücklich und dankbar, wenn Erwachsene sie verstehen und ihnen dabei helfen" (Malaguzzi 2005: 24). An anderer Stelle führt Loris Malaguzzi weiter aus: „Ich würde auch sagen, dass dieses starke Verlangen oder diese Leidenschaft für das Forschen in gewisser Weise offensichtlich alles mobilisiert, die ganze Person, das ganze Kind. Das Kind ist ein geborener Forscher" (Malaguzzi 2006: 77, Übersetzung d. Verf.). Es wird deutlich, dass der Impuls zum Forschen immer wieder durch die daraus resultierende Zufriedenheit des Kindes über neues Wissen entsteht. Das Kind möchte die Welt kontinuierlich neu entdecken, um weitere Zusammenhänge und Bezüge verstehen zu können.

4.1.2 Das Kind verfügt über hundert Sprachen

Nach der Darlegung des Bildes vom Kind als eifrigem Forscher wird in diesem Abschnitt ein weiteres Potenzial des Kindes erläutert. Es handelt sich hierbei um die *hundert Sprachen* des Kindes.

Pädagoginnen und Pädagogen in Reggio Emilia gehen davon aus, dass jedes Kind bereits ab der Geburt über hundert Sprachen verfügt. Die Zahl hundert steht in diesem Zusammenhang bildlich für eine Vielzahl von Ausdrucksformen, wovon die verbale Sprache nur eine Kommunikationsform unter vielen darstellt. Loris Malaguzzi führt hierzu aus: „Wenngleich Psychologen und Linguisten nach wie vor über Entstehung und Entwicklung der kindlichen Sprache streiten (ein bis heute trotz aller Fortschritte der Neurowissenschaften ungelöstes Thema), halten wir an unserer Überzeugung fest, daß Kinder sprechend zur Welt kommen. Sie sprechen mit ihrem Gegenüber. Das Wort als solches, wie es allgemein verstanden wird, fehlt zunächst, eindeutig bezogene Sprache tritt erst nach vielen Monaten in Erscheinung. Dennoch kann diese Entwicklung das unaufhaltsame, lebendige, ja gierige Bemühen der Kinder, über Sprache freundschaftliche Beziehungen herzustellen, weder behindern noch aufhalten" (Malaguzzi 1998b: 9).

Das vorangegangene Zitat macht deutlich, dass es neben der verbalen Sprache noch zahlreiche andere Ausdrucks- und Kommunikationsformen für die Kinder gibt. In einer Veröffentlichung des Vereins Reggio Children, der sich seit seiner Gründung im Jahr 1994 für den Schutz und die Förderung der Rechte und Fähigkeiten aller Kinder einsetzt (vgl. Küppers 2004a: 94), werden die zahlreichen Sprachen der Kinder genannt. Gleichzeitig wird das Anliegen der Reggio-Pädagogik unterstrichen, alle Sprachen gleichwertig zu unterstützen: „Das Ziel dieser Praxis ist die Förderung der Kindererziehung durch die Entwicklung all ihrer Sprachen: expressive, kommunikative, symbolische, kognitive, ethische, metaphorische, logische, imaginative und beziehungsmäßige" (vgl. Reggio Children 2000a: 7, Übersetzung d. Verf.).

Was sich hinter diesen zahlreichen Sprachen verbirgt, wird im Folgenden anhand von Beispielen erläutert. In der von Reggio Children veröffentlichten Projektdokumentation *Die Kinder vom Stummfilm* werden Phantasiespiele zwischen Fischen und ein- bis zweijährigen Kindern in der Krippe *Rodari* dokumentiert. Die Phantasiespiele finden die meiste Zeit ohne den Gebrauch der verbalen Sprache statt. Dafür benutzen die Kinder auf verschiedene Art und Weise zahlreiche andere Sprachen. Loris Malaguzzi beschreibt, wie diese sich im Verlauf des Geschehens äußern: „Auch in der Geschichte der Kinder fällt kein einziges Wort, nur Laute, Gemaunze, Gelächter und überschwängliches Geschrei sind zu hören. Dennoch diskutieren sie, verständigen sich über gemeinsame Strategien, streiten und versöhnen sich, versetzen sich kleine Klapse – zum Ausdruck ihres Einverständnisses und Glücks. Die Luft ist voller Zeichen, man gestikuliert, winkt, hält inne, die Hände tasten sich vor, Gesicht und Körperhaltung verändern sich, man nähert sich an, zieht sich zurück, die Mimik wechselt. All dies sind Anfänge einer subjektiven und intersubjektiven Auslegung des Erlebten. Das Wort als solches gibt es nicht, aber andere Formen von Sprache verbinden die Kinder miteinander wie ein unsichtbarer Fluß. Es besteht ein fortwährender, wechselseitiger Dialog, die Kinder fühlen sich lebendig, erhört und verstanden" (Malaguzzi 1998b: 11).

Das vorangegangene Zitat veranschaulicht die vielfältigen Ausdrucks- und Kommunikationsmöglichkeiten der ein- bis zweijährigen Kinder. Durch den Gebrauch ihrer Mimik, ihres Lachens, ihrer Hände nutzen sie die Möglichkeit der kommunikativen Sprache. Auf diesem Weg verständigen sie sich auch ohne den Einsatz der verbalen Sprache untereinander und diskutieren auf diese Weise über den Fortgang ihrer Entdeckungsreise. Sie streiten und versöhnen sich, wodurch auch die beziehungsmäßige Sprache einbezogen wird. In dem obigen Zitat vergleicht Loris Malaguzzi die Vielzahl der Sprachen mit einem unsichtbaren Fluss, der es den Kindern ermöglicht, sich in einem unentwegten Dialog auszutauschen. Mithilfe dieses Flusses, d.h. durch den Gebrauch der vielfältigen Sprachen sind die Kinder in der Lage, ihre Forscherlust auszuleben und sich gleichzeitig durch den Dialog mit anderen Kindern und Erwachsenen wahrgenommen und verstanden zu fühlen.

Die Reggio-Pädagogik räumt dem Kind deshalb das Recht, sich auszudrücken, ebenso ein wie das Recht auf Kommunikation. Die Vielfalt der unterschiedlichen Sprachen wird als Bereicherung angesehen, und jede Sprache, d.h. jede Art sich auszudrücken und zu kommunizieren, besitzt den gleichen Stellenwert wie alle anderen Sprachen auch.

Das nachfolgende Zitat von Carlina Rinaldi verdeutlicht die vorangegangenen Ausführungen: „Ich betrachte die hundert Sprachen als einen See mit sehr vielen Quellen, die in ihn fließen. Ich glaube, dass die Zahl hundert provozierend gewählt wurde, um für all diese Sprachen nicht nur die gleiche Würde zu fordern, sondern auch gleichzeitig das Recht, sich auszudrücken und miteinander zu kommunizieren. Was ich aber auch faszinierend finde und zu entwickeln versuche, ist die Idee, dass Vielfalt uns auch für den Dialog behilflich sein kann, durch einen Dialog zwischen den unterschiedlichen Sprachen. Das bedeutet Verknüpfungen untereinander und eine gegenseitige Abhängigkeit, die jeder Sprache dabei helfen kann, sich ihrer eigenen Besonderheit bewusst zu werden und die Konzeption und die Würde der anderen zu unterstützen" (Rinaldi/Dahlberg/Moss 2006c: 193, Übersetzung d. Verf.).

Loris Malaguzzi unterstreicht in seinem Gedicht „Und es gibt Hundert doch" die mannigfaltigen Möglichkeiten eines jeden Kindes, sich auszudrücken und mit anderen zu kommunizieren. Gleichzeitig benennt die ausgewählte Gedichtpassage auch die unendlich vielen Möglichkeiten, die Welt auf ganz unterschiedliche Art und Weise wahrzunehmen und zu interpretieren. Er schreibt:

„Ein Kind
ist aus hundert gemacht.
Ein Kind
hat hundert Sprachen,
hundert Hände,
hundert Gedanken,
hundert Weisen zu denken,
zu spielen,
zu sprechen.
Hundert, immer hundert Weisen
zu hören,
zu staunen,
zu lieben.
Hundert Freuden
zum Singen,
zum Verstehen.
Hundert Welten zu entdecken,
hundert Welten zu erfinden,
hundert Welten zu träumen" (Malaguzzi 2002a: 3).

Im nachfolgenden Abschnitt desselben Gedichts kritisiert Loris Malaguzzi die Tatsache, dass die Kinder gerade dieser vielfältigen Möglichkeiten des Erlebens und des Ausdrucks beraubt werden. Er ermahnt sowohl Gesellschaft als auch Bildungseinrichtungen, Unterschiede anzuerkennen und nicht zu unterdrücken:

„Ein Kind hat hundert Sprachen,
(und noch hundert, hundert, hundert),
aber neunundneunzig
werden ihm geraubt.
Die Schule und die Kultur
trennen ihm den Geist vom Leib.
Man sagt ihm, es soll
ohne Hände denken,
ohne Kopf handeln,

nur hören und nicht sprechen,
ohne Freuden verstehen,
nur Ostern und Weihnachten
staunen und lieben.
Man sagt ihm, es soll
die schon bestehende Welt entdecken.
Und von hundert Welten
werden ihm neunundneunzig
geraubt.
Man sagt ihm, dass
Spiel und Arbeit,
Wirklichkeit und Phantasie,
Wissenschaft und Vorstellungskraft,
Himmel und Erde,
Vernunft und Träume
Dinge sind,
die nicht zusammenpassen.
Ihm wird also gesagt,
dass es Hundert nicht gibt.
Ein Kind aber sagt:
‚Und es gibt Hundert doch'" (ebd.).

4.1.3 Das Kind als Konstrukteur seines Wissens

Eine weitere Kompetenz des Kindes liegt in seiner Fähigkeit, sich sein eigenes Wissen selbst zu konstruieren. Was ist darunter zu verstehen? Die Reggianer gehen davon aus, dass jedes Kind sich ab der Geburt im sozialen Kontext selbst bildet. In der Veröffentlichung *I bambini disabili* der Kommune Reggio Emilia aus dem Jahr 1993 heißt es dazu: „Das Kind wird ab der Geburt als kompetenter Mensch angesehen, kompetent dafür, in der Beziehung zu anderen selbst zu lernen" (Comune di Reggio Emilia 1993: 19, Übersetzung d. Verf.).
Es zeigt sich, dass die Reggio-Pädagogik keineswegs davon ausgeht, dass das Kind sich sein eigenes Wissen isoliert von anderen Menschen aneignet. Das Kind entwickelt sein Wissen vielmehr aktiv in der Beziehung zu anderen Kindern und Erwachsenen. In ihrem Artikel *Was ist Reggio?* führen Carlina Rinaldi und Peter Moss dazu aus: „Lernen ist

nicht die Übertragung einer definierten Masse von Wissen, was Malaguzzi als ‚kleine' Pädagogik bezeichnet. Es ist vielmehr konstruktiv; das Subjekt konstruiert sein eigenes Wissen, und das immer in demokratischer Beziehung zu anderen und offen für verschiedene Wege des Erkennens, denn das individuelle Lernen ist immer parteiisch und vorläufig. Aus dieser Perspektive ist das Lernen ein Prozess des Konstruierens, Testens und Rekonstruierens von Theorien, wobei ständig neues Wissen erschaffen wird. Sowohl Lehrer als auch Kinder lernen ständig" (Moss/Rinaldi 2004: 2).

Der Wissenserwerb des Kindes erfolgt somit nicht im Rahmen eines Vermittlungsprozesses zwischen Erzieherin und Kind, sondern innerhalb eines Selbstlernprozesses des Kindes, eingebettet in demokratische Beziehungen zu anderen Kindern und Erwachsenen. Sabine Lingenauber konstatiert in diesem Zusammenhang: „Dem Kind wird eine große Wertschätzung als *Konstrukteur seines eigenen Wissens* entgegengebracht. Nicht weil es Wissen an sich, sondern weil es sein eigenes, unverkennbar individuelles Wissen konstruiert. Denn das Wissen des Kindes ist keinesfalls nur die Kopie vom Wissen der Erwachsenen, sondern es entwickelt sich mit seinen Interessen und seinen Fragen an die Welt" (Lingenauber 2007: 24).

Um seine bereits bei der Geburt vorhandenen Potenziale entfalten zu können und sich damit auch sein je individuelles Wissen selbst zu konstruieren, benötigt das Kind die Unterstützung der Erzieherin. Deren Rolle hinsichtlich des kindlichen Lern- und Erfahrungsprozesses wird im Abschnitt zur „Pädagogik des Zuhörens" noch näher thematisiert.

Die Reggianer gehen davon aus, dass jedes Kind verschiedene Möglichkeiten zum Wissensaufbau besitzt, die nur für das jeweilige Kind gelten. Aus diesem Grunde räumen sie jedem Kind das Recht ein, seine je individuellen Strategien und Kommunikationsmöglichkeiten zur Konstruktion seines eigenen Wissens zu nutzen. In der Veröffentlichung *I bambini disabili* heißt es hierzu: „Diese philosophischen Voraussetzungen erkennen für jedes Kind die Möglichkeit und das Recht an, seine Entwicklung und seine Erfahrung durch seine eigenen Strategien und Kommunikationsmöglichkeiten zu machen" (Comune di Reggio Emilia 1993: 19, Übersetzung d. Verf.).

In diesem Zitat kommt die Wertschätzung der individuellen Fähigkeiten des einzelnen Kindes zum Ausdruck. Die Reggio-Pädagogik geht zum einen davon aus, dass das Kind bereits ab der Geburt die Kompetenz besitzt, durch sich selbst zu lernen. Zum anderen gehen die Reggianer in der Tradition des Konstruktivismus auch davon aus, dass jedes Kind über individuelle Denk- und Lernstrukturen verfügt, individuelle Erfahrungen macht und sich hierdurch sein jeweils einzigartiges Wissen selbst konstruiert. Das Zitat aus *I bambini disabili* macht deutlich, dass die Reggio-Pädagogik jedem Kind das Recht zusichert, sein Lernen auf seine einmalige Art und Weise zu gestalten. Das Kind hat das Recht, seinen eigenen Lernweg zu gehen, indem es seine individuellen Strategien und Kommunikationsmöglichkeiten nutzt. Loris Malaguzzi schreibt dazu: „(...) die Intelligenz des Kindes ist heute immer noch etwas, an das wir glauben sollten; wir müssen davon ausgehen, dass das Kind Träger und Konstrukteur seiner eigenen Intelligenz ist. Wenn wir bereit sind, das zu akzeptieren, werden wir viele unserer Beziehungen und viele unserer Sprachen zu ihm verändern, und die Schule wird sich in gewisser Weise auch dem Kind anpassen, das fortwährend Tests, Nachfragen und intelligente Forschung betreibt" (Malaguzzi 2006: 77, Übersetzung d. Verf.).

An dieser Stelle lässt sich auch ein Rückbezug zu den oben gemachten Ausführungen der hundert Sprachen herstellen. Diese repräsentieren in der Reggio-Pädagogik nicht nur eine Vielzahl von Ausdrucks- und Kommunikationsmöglichkeiten, sondern stellen auch eine Vielzahl von Strategien hinsichtlich des Wissenserwerbs dar. In einem Interview mit Lella Gandini und Judith Kaminsky im Jahr 2000 unterstreicht Carlina Rinaldi diese herausragende Rolle der hundert Sprachen und spricht sich für die Gleichwertigkeit aller Sprachen aus: „Unserer Meinung nach stellen die hundert Sprachen eine Strategie für die Konzeptentwicklung und die Festigung des Verstehens dar; vor allem aber stehen sie für gleiche Würde und Wichtigkeit aller Sprachen, von denen man immer mehr weiß, wie wichtig sie für die Konstruktion von Wissen sind" (Rinaldi 2006e: 104, Übersetzung d. Verf.). An anderer Stelle kritisiert Carlina Rinaldi die bisherige privilegierte Stellung der Verbal- und Schriftsprache und unterstreicht in diesem Zusammenhang die Theorie der hundert Sprachen als etwas, „das voller Demokratie ist" (vgl. Rinaldi/Dahlberg/Moss 2006c: 192).

Es zeigt sich, dass zwischen den verschiedenen Sprachen keine hierarchischen Abstufungen bestehen. Jede Form des Ausdrucks, der Kommunikation und der Art und Weise des Wissenserwerbs besitzt in Reggio Emilia die gleiche Wertigkeit.

In dem Interview zum Thema Kinder mit besonderen Rechten in den Kindertageseinrichtungen und Krippen Reggio Emilias macht die psychologische Pedagogista Ivana Soncini grundlegende Ausführungen zur Verbindung der hundert Sprachen mit dem Wissenserwerb. Um die bestmöglichen Lernstrategien, d.h. die jeweils bevorzugten Sprachen eines Kindes herauszufinden, bieten die Erzieherinnen in den Einrichtungen Reggio Emilias den Kindern zahlreiche Auswahlmöglichkeiten an. Ivana Soncini erläutert: „Wir versuchen über die medizinische Diagnose hinauszugehen, über die Beschreibung des Defizits, um zu sehen, wie die Beeinträchtigung das ganze Kind beeinflusst. Wir sind immer auf der Suche nach Hinweisen für die vom Kind bevorzugten Lernstrategien. An dieser Stelle kommen die von uns so genannten ‚hundert Sprachen der Kinder‘ dazu. Wir suchen immer nach einem alternativen Weg, durch den das Kind möglicherweise lernt. Je mehr unterschiedliche Möglichkeiten und Optionen, desto wahrscheinlicher ist es, den effektivsten Lernweg für das Kind zu finden. Durch ein kreatives Planen erhöht die Erzieherin die Möglichkeiten des Kindes, erfolgreich zu sein" (Smith 1998: 208, Übersetzung d. Verf.).

An anderer Stelle beschreibt die Pedagogista[11] (Fachberaterin) der Kindertageseinrichtung *Diana*, Tiziana Filippini, diese Vorgehensweise sehr anschaulich am Beispiel der kleinen Antonella, eines Mädchens mit besonderen Rechten, das drei Jahre die Einrichtung *Diana* besuchte: „Wir lernten eine Menge von ihr darüber, wie das Erlernen einer Fähigkeit dem Kind helfen kann, eine andere Aktivität zu beherrschen. Zum Beispiel hatte Antonella nur sehr wenig Kontrolle über ihre Muskeln; aber

---

[11] Die kommunalen Krippen und Kindertageseinrichtungen in Reggio Emilia werden von einem pädagogisch-didaktischen Team koordiniert. Dieses setzt sich aus der pädagogischen Direktorin, der Direktorin der kommunalen Krippen und Kindertageseinrichtungen und einer Gruppe von Pedagogistas zusammen. Jede Pedagogista arbeitet mit einer gewissen Anzahl von Einrichtungen zusammen, um sowohl pädagogische als auch organisatorische Richtlinien zu erarbeiten. Darüber hinaus nehmen die Pedagogistas auch an Familientreffen teil, veranstalten berufliche Weiterbildungsmaßnahmen und koordinieren das gesamte Personal der kommunalen Krippen und Kindertageseinrichtungen in Reggio Emilia (vgl. Reggio Children 2004: 3).

als wir ihre Interessen beobachteten, bemerkten wir, dass sie gern mit Computern und Ton arbeitete. Durch die Arbeit mit Ton über mehrere Monate hinweg begann sie, räumliche Bezüge zu verstehen: unten, oben, rechts und links. Das hat ihr beim Erkennen und Lernen der Buchstabenformen geholfen – ein Hauptschritt beim Lesen- und Schreibenlernen. Sie benötigte auch eine Assistenz, um sich in der Kindertageseinrichtung bewegen zu können und zum Waschraum zu gelangen. Diese wurde von den Erzieherinnen bereitgestellt, nachdem man es in den Planungstreffen mit Ivana[12] und mir besprochen hatte. Antonella ist ein ziemlich ruhiges kleines Mädchen, aber die anderen Kinder genossen es, sie mit nach draußen zu nehmen und ihr spannende Fahrten über den Spielhof zu ermöglichen. Jetzt kommt sie in der Grundschule sehr gut mit. Sie benutzt ihren Computer sowohl für die Kommunikation als auch für ihre Schulaufgaben" (a.a.O.: 209, Übersetzung d. Verf.).

Die Ausführungen stützen die These, dass jedes Kind über vielfältige Ausdrucksmöglichkeiten verfügt. Ein reichhaltiges Angebot an Materialien und an Kommunikationsmöglichkeiten unter Kindern und Erwachsenen sorgt dafür, dass jedes Kind seine bevorzugten Sprachen entwickeln kann.

Ivana Soncini führt in demselben Interview dazu aus: „Wir betrachten das Recht aller Kinder auf ihre eigenen Strategien für die Entwicklung und die Aneignung von Wissen als einen der wichtigsten Werte. Jede einzelne Person kommt mit Fähigkeiten und Kompetenzen zur Welt. Unsere Pflicht liegt darin, Wege zur Unterstützung dieser Entwicklung herauszufinden. Wir erinnern uns immer wieder selbst daran, insbesondere im Hinblick auf kleine Kinder, dass wir ihre Potenziale nicht feststellen oder kennen können. Tatsächlich kann ein Durchbruch immer direkt bevorstehen! Wir möchten nicht etwas einschränken, was möglicherweise später auftritt oder passiert" (a.a.O.: 208, Übersetzung d. Verf.).

Das Beispiel der kleinen Antonella zeigt auch, dass der Gebrauch einer Sprache dem Erlernen einer anderen zugute kommt. Antonella erwarb durch die Arbeit mit dem Ton ein besseres räumliches Vorstellungsvermögen, das ihr später beim Erlernen von Buchstaben sehr hilfreich war.

---

[12] Es handelt sich hierbei um die psychologische Pedagogista Ivana Soncini, die für alle Kinder mit besonderen Rechten in den kommunalen Krippen und Kindertageseinrichtungen Reggio Emilias zuständig ist.

Carlina Rinaldi beschreibt diese positive Wechselwirkung zwischen den verschiedenen Sprachen in einem Interview aus dem Jahr 2004: „Um ein Beispiel zu nennen: Wenn man zeichnet, kann man nicht nur die graphische Sprache unterstützen, sondern auch die verbale Sprache, weil man die Vorstellung vertieft. Und wenn die Vorstellung vertieft wird, so werden die Sprachen bereichert – und so hat man wieder diesen permanenten Prozess" (Rinaldi/Dahlberg/Moss 2006c: 193, Übersetzung d. Verf.).

Die hundert Sprachen der Kinder repräsentieren also nicht nur eine Vielzahl von Kommunikationsmöglichkeiten, sondern stellen auch gleichzeitig unzählige Strategien des Wissenserwerbs für das einzelne Kind dar. Es wurde deutlich, dass die Reggianer davon ausgehen, dass jedes Kind unterschiedliche, individuelle Denk- und Lernstrategien entwickelt, mit deren Hilfe es seine eigene Welt wahrnimmt. Es gilt demzufolge als Konstrukteur seiner eigenen Wirklichkeit und seines eigenen Wissens.

Die gesamten Ausführungen zum Bild vom Kind in der Reggio-Pädagogik konnten zeigen, dass dem Kind umfassende Kompetenzen zugeschrieben werden, über die es bereits ab der Geburt verfügt. Das Kind wird als ein aktives, engagiertes und forschendes Wesen angesehen, das in der Lage ist, sich mit Fragen und Themen auseinanderzusetzen. In der Gemeinschaft mit anderen Kindern und Erwachsenen erforscht es im Dialog mit ihnen seine Umwelt. Dabei drückt es sich in vielen Sprachen aus, bedient sich seiner metaphorisch verstandenen hundert Sprachen und erschließt sich durch seine individuellen Lern- und Erfahrungswege sein eigenes Wissen.

Zu betonen ist die Tatsache, dass diese Ausführungen für alle Kinder gelten, also auch für Kinder mit Beeinträchtigungen. Bereits im Jahr 1976 forderte Loris Malaguzzi in seinem Manuskript *Die behinderten Kinder*, „keinerlei Unterscheidung, nicht einmal irgendeine oberflächliche Identifizierung zwischen behinderten und nichtbehinderten Kindern" vorzunehmen (vgl. Malaguzzi 1976: 13). Vielmehr findet jedes einzelne Kind größte Beachtung, und die Reggio-Pädagogik betont die Einmaligkeit jeden einzelnen Kindes. Aus diesem Grunde, so Barbara Stinner, sei das Konzept auch offen dafür, Kinder mit Beeinträchtigungen aufzunehmen. Bei der Reggio-Pädagogik stehen die Bedürfnisse des einzelnen Kindes im Mittelpunkt (vgl. Stinner 1998: 28f.).

4.1.4 Die Bedeutung von Unterschieden

In diesem Abschnitt werden zunächst grundlegende Ausführungen dazu gemacht, welche Bedeutung die Reggio-Pädagogik den Unterschieden zwischen Individuen beimisst.

4.1.4.1 Unterschiede und Identität

Unterschiede stellen in Reggio Emilia ein Potenzial für die kindliche Entwicklung dar und sind willkommen. Unterschiede werden nicht nur zwischen Kindern mit und Kindern ohne Beeinträchtigungen wahrgenommen, sondern im Zuge der Anerkennung der Einzigartigkeit eines jeden Individuums zwischen allen Menschen festgestellt. In einem Interview zum Thema Kinder mit besonderen Rechten in den Krippen und Kindertageseinrichtungen in Reggio Emilia erläutert Ivana Soncini, dass der Ansatz der Reggio-Pädagogik auf der Wertschätzung von Unterschieden basiert. Sie führt aus: „Grundlegend für unseren theoretischen Ansatz ist die Wertschätzung von Unterschieden und das Hervorbringen des größtmöglichen Potenzials. Jeder von uns ist unterschiedlich; das wird als positiv angesehen. Wir erkennen an, dass ein Handicap einen Unterschied mit sich bringt, aber es stellt nur einen von vielen Unterschieden dar" (Smith 1998: 205, Übersetzung d. Verf.).

Das Zitat zeigt, dass Differenzen in Reggio Emilia willkommen sind und Beeinträchtigungen keine besonderen Unterschiede darstellen. An gleicher Stelle unterstreicht die psychologische Pedagogista die Wichtigkeit von Unterschieden hinsichtlich der Identitätsentwicklung des Kindes. Sie konstatiert: „Wenn wir unsere Unterschiede erkennen, entwickeln wir ein Wissen darüber, wer wir sind und wer andere sind. Was sind die Dinge, die einzigartig sind? Was sind die Dinge, die gleich sind? Eine Person erreicht eine Art von Gleichgewicht hinsichtlich der Frage, wer sie oder er ist, was Gleichheit und Unterschiedlichkeit betrifft, indem sie widersprüchliche Ideen anerkennt. Nach und nach entwickeln wir unsere eigene Identität. Es gibt viele Möglichkeiten, auf uns selbst zu blicken, um unser eigenes Bild von uns zu konstruieren" (ebd., Übersetzung d. Verf.).

Der behutsame Umgang mit individuellen Besonderheiten wird in der Reggio-Pädagogik als ein grundlegendes Element der Unterstützung kindlicher Identitätsbildung angesehen (vgl. Göhlich 1997: 194). Durch die Möglichkeit des Austauschs zwischen den Kindern, so Ivana Soncini, können die Kinder sich selbst beschreiben und über die festgestellten Unterschiede diskutieren. Aus diesem Grund sind sie in der Lage, ihre Konzepte von sich und anderen zu entwickeln. Die psychologische Pedagogista führt in diesem Kontext weiter aus: „Sie diskutieren darüber, setzen sich damit auseinander. Wir glauben, dass das Kind auf diese Weise ein Gespür und ein wahres Wissen über Unterschiede entwickelt und ein Selbstbild entwirft, das auf dem Wissen von sich selbst und anderen gründet. Das alles beruht auf den Beziehungen zu anderen. Sie geben den Kindern ein Bild von sich selbst in Verbindung mit anderen, was zu einer authentischeren Beziehung sowohl zu den Gleichaltrigen als auch zu den Erwachsenen führt" (Smith 1998: 205, Übersetzung d. Verf.).

4.1.4.2 Unterschiede als Ressource für den Erziehungs- und Bildungsprozess

Unterschiede werden nicht nur als Ressource hinsichtlich der Identitätsentwicklung wertgeschätzt, sondern auch im Hinblick auf nutzbare Potenziale für den Erziehungs- und Bildungsprozess. Das nachfolgende Beispiel verdeutlicht diesen Aspekt anhand eines Elternerfahrungsberichts aus der Krippe *Arcobaleno*. Caroline Hunter stammt ursprünglich aus Kolumbien, zog 1980 nach Reggio Emilia und spricht fließend englisch. Sie schreibt: „Zu keinem Zeitpunkt fühlte ich mich in irgendeiner Weise aufgrund meines Status stigmatisiert – genau das Gegenteil war der Fall: Das Personal war ernsthaft an unserer ‚Verschiedenheit' interessiert. Sie fanden sehr schnell heraus, wie diese für das Schulleben bereichernd sein konnte, und ließen mich schon bald auf Schulfeiern englisch singen" (Hunter 2005: 39, Übersetzung d. Verf.).
An anderer Stelle beschreibt Caroline Hunter ihre Faszination angesichts der guten Aufnahme von Migrantenkindern in die Kindertageseinrichtungen. Sie führt diese Tatsache darauf zurück, dass man in Reggio Emilia Unterschiede als Bereicherung betrachtet. Sie erinnert sich: „Ich war immer davon beeindruckt, mit welcher Leichtigkeit die Kinder die-

ser Familien sich in den Kindertageseinrichtungen Reggio Emilias ein-
gewöhnt haben. Sie spüren, so wie es in meinem Fall war, dass dies auf
die Idee der Unterschiedlichkeit als Chance zurückzuführen ist, als
Chance zur Erhöhung der zur Verfügung stehenden und für die Kinder
zu entdeckenden Ressourcen" (a.a.O.: 41, Übersetzung d. Verf.).

Auch in Bezug auf Kinder mit Beeinträchtigungen lässt sich feststellen,
dass die vorhandenen Unterschiede keinen Einfluss auf die Partizipation
der Kinder ausüben. Kinder ohne Beeinträchtigungen versuchen stets
auch Kinder mit Beeinträchtigungen in das Geschehen einzubeziehen.
Ivana Soncini führt dies auf die Philosophie der Reggio-Pädagogik zurück, welche die Zusammenarbeit zwischen den Individuen hervorhebt
und unterstützt. Sie führt aus: „Wir beobachten, dass Kinder Unterschiede zwar wahrnehmen, darin aber keinen Grund sehen, jemanden
auszugrenzen. Wir sehen, dass die Kinder sehr klug darin sind, ihre
eigenen Wege zu finden, um den anderen mehr Chancen, mehr Gele-
genheiten und Möglichkeiten einzuräumen. Sie strengen sich wirklich
an, Wege zu finden, das Kind mit Beeinträchtigung einzubeziehen. Wir
glauben, dass unsere Philosophie der Zusammenarbeit anstelle von
individuellem Erfolg dazu beiträgt. Die Kinder wägen ständig ab zwischen ihrem persönlichen Stolz auf ihre Leistung und ihren Bemühungen als Teil der Gruppe" (Smith 1998: 207f., Übersetzung d. Verf.).

In einem Artikel der Zeitung *Rechild* mit dem Titel *The Quality of Integration of Children with Disabilities: the Cultural Boundaries* wird der
Frage nachgegangen, welchen Wert das Anderssein in der Reggio-Pädagogik besitzt. Hier heißt es: „Für uns beinhalten Differenzen das Wesen der Veränderung und des Aufeinanderbezogenseins. Der Wissenserwerb auf der Basis von Differenzen aktiviert die mentalen Prozesse.
Unterschiede sind gewissermaßen eine ‚bio-logische' Grundvoraus-
setzung. Wenn die Beziehung zwischen den Differenzen in ihrer dialek-
tischen Natur sowie in ihrer Leidenschaft und ihrer Spannung erlebt
wird, können das Wissen und die Erkenntnis entstehen, dass die Welt
von Natur aus in ihrer Nichtreduzierbarkeit und ihrer Komplexität Wi-
dersprüche in sich birgt" (Reggio Children 2000b: 7, Übersetzung d.
Verf.).
Es zeigt sich auch an dieser Stelle, dass die Reggio-Pädagogik Unterschiede zwischen den Individuen als Bereicherung für den kindlichen

Bildungsprozess versteht. Gleichzeitig beeinflusst der positive Umgang der Kinder mit den Unterschieden auch die Perspektive der Erwachsenen: „Mit ihren eigenen Rhythmen und innerhalb einer Art zirkulärer Kommunikation helfen uns Kinder, in neuen Möglichkeitskategorien zu denken, welche die Sichtweise der Erwachsenen beeinflussen können" (ebd., Übersetzung d. Verf.).

In Reggio Emilia schätzt man ebenso Konflikte, die aus unterschiedlichen Erwartungen, Ideen und Handlungen resultieren können. Loris Malaguzzi betont ihre Wichtigkeit für die kognitive Entwicklung des Kindes auch hinsichtlich der verschiedenen Lernstrategien. Konflikte geben hiernach grundlegende Impulse für die Weiterentwicklung auf diesem Gebiet. Die Kinder „schätzen die Formen des immer wieder veränderten und kreativen Lernens, das auf Entdeckung basiert". Kognitive Konflikte sind „als vorteilhaft anzusehen, wenn Gegensätzlichkeiten, Unstimmigkeiten und Unterschiede deutlich werden" (vgl. Malaguzzi 1998b: 15).

Die Kindertageseinrichtungen in Reggio Emilia bieten einen Ort für den Dialog zwischen diesen Gegensätzlichkeiten, Unstimmigkeiten und Unterschieden. Nach Carlina Rinaldi sollten Schulen Orte der Vielfalt darstellen. Sie kritisiert die Idee von Bildungsstätten, die sich aus homogenen Gruppen zusammensetzen, denn in Bezug auf die Selbstreflexion sei es unbedingt notwendig, innerhalb einer vielgestaltigen Umgebung aufzuwachsen. Sie erläutert: „Ich persönlich bin davon überzeugt, dass die Erziehung eine öffentliche Angelegenheit sein sollte. Ich habe keinen Zweifel daran im Hinblick auf das, was wir schon vorher ausgetauscht haben. Öffentlich in finanzieller Hinsicht. Aber auch öffentlich im Hinblick auf die Schule als einen Ort der Unterschiede, des Dialogs zwischen den Unterschieden. Ich bin sehr beunruhigt über die Idee einer Schule – ich erzählte euch zuvor davon – für unterschiedliche Gruppen: die jüdische Schule, die katholische Schule, die arabische Schule, die Schule für besondere soziale Gruppen, nur für Jungen und nur für Mädchen. Wir benötigen Schulen, die einen öffentlichen Raum für einen Dialog bereitstellen. Es birgt eine große Gefahr, wenn Kinder über sich reflektieren und gleichzeitig nur mit einer speziellen Gruppe aufwachsen. Meine Idee von einer Schule ist ein pluralistisches Konzept. Ich glaube sehr stark daran, dass der Pluralismus unentbehrlich ist" (Rinaldi/Dahlberg/Moss 2006c: 208, Übersetzung d. Verf.).

Es zeigt sich, dass Pluralismus in der Reggio-Pädagogik ausdrücklich begrüßt wird. Diese Haltung beruht auf einer sozialkonstruktivistischen Perspektive, „in der Verschiedenheit, Unterschiede und Vielgestaltigkeit einen Platz im pädagogischen Diskurs haben und die Autonomie eines jeden Kindes bejaht wird" (Reggio Children 1996a: 7, Übersetzung d. Verf.). Das folgende Zitat aus der reggianischen Veröffentlichung *The charter of the city and childhood councils* stammt von der Erzieherin Anna und unterstreicht diese Haltung nochmals: „Je größer die Anzahl der Unterschiede, die sich gegenseitig betrachten, desto größer ist die daraus resultierende Bereicherung (...) dieses gegenseitige Betrachten ist ein Wert, den wir teilen" (Reggio Children 2002a: 35, Übersetzung d. Verf.).

Dieses Willkommenheißen und Wertschätzen von Unterschieden in der Reggio-Pädagogik findet auch im *Index für Inklusion* seine Entsprechung, wo es heißt: „Inklusion beginnt mit der Wahrnehmung von Unterschieden zwischen Kindern und Jugendlichen, aber sie sorgt auch für gemeinsame Erfahrungen. Die Entwicklung von inklusiven Einrichtungen respektiert und schätzt Unterschiede. Dies kann tiefgreifende Veränderungen der Aktivitäten und der Beziehungen innerhalb der Einrichtung und im Verhältnis zu den Eltern nach sich ziehen. Der Respekt vor der Unterschiedlichkeit bedeutet, dass wir es vermeiden, Hierarchien zu schaffen, die auf diesen Unterschieden gegründet sind" (Booth u.a. 2006: 13).

Das Respektieren von Unterschieden und die Vermeidung von Hierarchien wird in Reggio Emilia durch die Förderung des Austausches, des Dialogs zwischen allen am Erziehungs- und Bildungsprozess Beteiligten unterstützt. Die Bedeutsamkeit dieses Dialogs zeigt sich auch in der Konzeption der Krippe *Arcobaleno*. Der Dialog wird als der beste Kontext dafür angesehen, die Beziehungen zwischen den Kindern, den Eltern und den Erzieherinnen zu entwickeln. In der Konzeption heißt es dazu: „Das alles ereignet sich innerhalb einer relationalen Dynamik, die durch das Bedürfnis gestärkt wird, uns selbst zu verstehen und uns selbst verständlich zu machen, sichtbar zu sein und zu kommunizieren, permanent Dialoge mit jenen zu führen, welche die Krippe täglich bewohnen, und auch mit jenen, die der Krippe von außerhalb begegnen (Eltern, Gemeindemitglieder, Besucher aus anderen Städten oder anderen Ländern der Welt). In diesem Kontext des Dialogs und des Austausches versuchen wir die grundlegenden Elemente des systemoffenen

Erziehungsprojekts zu definieren und fortwährend neu zu definieren, Elemente wie das Bild des Kindes, permanente professionelle Entwicklung und die Bedeutung der Familienpartizipation" (Nido Arcobaleno o.J.: o.S., Übersetzung d. Verf.).

Durch den Dialog findet somit ein sich wechselseitig beeinflussender Austausch zwischen allen am Erziehungs- und Bildungsprozess beteiligten Gruppen statt. Zentrale Themen können auf diese Weise erörtert und für die kindliche Entwicklung fruchtbar gemacht werden. Carlina Rinaldi ist der Ansicht, „dass es nur eine Zukunft gibt, wenn wir mehr miteinander sprechen können, mehr fühlen, mehr leben: Interdependenz und Dialog. Hierin liegt die Möglichkeit, Kontraste, Differenzen und unterschiedliche Perspektiven willkommen zu heißen" (Rinaldi/ Dahlberg/Moss 2006c: 185, Übersetzung d. Verf.).
Dieses Willkommenheißen von Unterschieden und unterschiedlichen Perspektiven durch den Dialog zeigt sich auch in der von Reggio Children herausgegebenen Projektdokumentation *Zärtlichkeit*. Sie besteht im zweiten Teil aus einer Unterhaltung zwischen den beiden Kindern Laura und Daniele. Die beiden Kinder besuchen die Kindertageseinrichtung *La Villetta* und sind zwischen fünf und sechs Jahre alt. Der Dialog zwischen Laura und Daniele handelt von der Liebe, dem Glück, dem Paradies, der Geburt, dem Leben und der Welt. Carlina Rinaldi resümiert: „Alle beide zeigen uns ihren inneren Reichtum, bitten uns, ihre Träume, die gemeinsamen Projekte, ihre Unterschiedlichkeiten und Gemeinsamkeiten zusammen- und festzuhalten, damit sie sich im und durch den Dialog entwickeln können" (Rinaldi 1998a: 66).
Die Reggio-Pädagogik betrachtet also den Dialog, den Austausch zwischen den Kindern und den Erwachsenen, als unentbehrlich für deren Entwicklung. Unterschiede und Gemeinsamkeiten werden durch den Dialog kommuniziert, an dem alle Kinder durch den Gebrauch der hundert Sprachen partizipieren können. Die Reggio-Pädagogik heißt Unterschiede willkommen und wertschätzt sie. Unterschiede zwischen den Individuen werden als Ressource sowohl für die Identitätsentwicklung als auch für den Bildungs- und Erziehungsprozess angesehen, so dass sich jedes Kind entfalten und weiterentwickeln kann.
„Die Reggio-Pädagogik basiert demnach auf einem Menschenbild, das Differenzen als Bereicherung für jeden Bildungsprozess versteht" (Lingenauber 2004a: 65).

54

4.2 Die Rechte der Kinder

Wie im vorangegangen Abschnitt dargelegt, verfügt das Kind in der Reggio-Pädagogik über umfassende Kompetenzen und Potenziale. Diese Kompetenzen und Potenziale bilden die Grundlage für die *Erklärung der drei Rechte*, die im Jahr 1993 von Loris Malaguzzi schriftlich formuliert wurde. Neben den Rechten der Kinder benennt diese Erklärung auch die Rechte der Erzieherinnen und die Rechte der Eltern. Loris Malaguzzi führt darin aus: „Ausgangspunkt ist, daß Kinder – und damit auch jedes einzelne Kind – über natürliche Gaben und Potenziale von ungeheurer Vielfalt und Vitalität verfügen. Werden diese natürlichen Voraussetzungen der Kinder nicht erkannt, nicht geachtet und nicht genutzt, dann werden Leiden der Kinder und eine oft nicht mehr rückgängig zu machende Verarmung ihrer Entwicklung provoziert" (Malaguzzi 1998e: 63).

Zum Schutz vor diesen Leiden und der Verarmung seiner Potenziale werden jedem Kind in der Reggio-Pädagogik umfassende Rechte zugesprochen, die im Nachfolgenden erläutert werden.

Hier ist zunächst das Recht der Kinder zu nennen, sich aktiv an der Ausbildung ihrer Identität, ihrer Autonomie und ihrer Kompetenz innerhalb einer Gemeinschaft zu beteiligen. In der *Erklärung der drei Rechte* schreibt Loris Malaguzzi über die Kinder: „Sie sind Träger und Schöpfer eigener Kulturen. Und damit sind sie aktiv daran beteiligt, ihre Identität, Autonomie und Kompetenz auszubilden, insbesondere in den Beziehungen zu Gleichaltrigen, Erwachsenen, zu Ideen, Gegenständen, realen Erlebnissen und fiktiven Ereignissen in den Lebensbereichen und Welten, in denen Kinder kommunizieren. Dies alles setzt eine höhere Qualität des Menschenrechts auf Individualität und auf zwischenmenschliche Beziehungen voraus" (ebd.).

Die Reggianer sprechen somit allen Kindern das Recht zu, ihre jeweilige Einmaligkeit in den Beziehungen zu Erwachsenen und Gleichaltrigen zu fördern und zu leben. Es besteht für alle Kinder das Recht auf Gemeinschaft und auf zwischenmenschliche Beziehungen. Es wird deutlich, dass die Ausbildung von Identität, Autonomie und Kompetenzen nicht in einem abgesonderten, exklusiven Bereich stattfinden soll, sondern „in den Lebensbereichen und Welten, in denen Kinder kommunizieren" (vgl. ebd.). Die von Reggio Children herausgegebene Publikation *Ein Ausflug in die Rechte von Kindern* hebt neben den von Loris Malaguzzi schriftlich fixierten Rechten von Kindern, Erzieherinnen und Eltern auch die Sichtweise von Mädchen und Jungen zwischen fünf und sechs Jahren der Kindertageseinrichtung *Diana* hervor. In Bezug auf das Recht der Ausbildung von Identität, Autonomie und Kompetenzen in der Beziehung zu Erwachsenen und Gleichaltrigen führt eines der Kinder aus: „Kinder haben das Recht, Freunde zu haben, weil zusammen spielen schön ist. Alleine kann man nur wenige Spiele machen. Wenn einer allein ist, dann ist er nur einer" (Reggio Children 1998d: 18).

Ein weiteres Recht eines jeden Kindes besteht in der Befriedigung seiner eigenen Lernbedürfnisse. Dieses Recht berücksichtigt die Rolle des Kindes als eifriger Forscher. Wie bereits dargelegt, entwickelt jedes Kind bereits ab der Geburt seine eigenen Ideen und Fragestellungen zur Erforschung seiner Umwelt (vgl. Malaguzzi 2004: 13). Loris Malaguzzi führt dazu aus: „Die Kunst des Forschens besitzen die Kinder bereits, sie sind sehr empfänglich für den Genuß, den das Erstaunen bereitet. Die Kinder finden schnell heraus, daß sie gerade in dieser Fähigkeit einen großen Teil ihrer Lebensfreude finden und die Befreiung von der Langeweile, die aufkommt, wenn man in einer unerforschten Welt lebt" (Malaguzzi 1984: 4). Aus diesem Grund räumt die Reggio-Pädagogik jedem Kind das Recht ein, „Freude am Lernen zu empfinden und die eigenen Lernbedürfnisse zu befriedigen" (vgl. Malaguzzi 1998e: 63). Die Kompetenz des Kindes, sich sein eigenes, individuelles Wissen in Beziehung zu anderen selbst zu konstruieren, führt in Reggio Emilia zum „Recht der Kinder, ihre individuellen Fähigkeiten zu verwirklichen und zu erweitern, soziale Kompetenzen weiterzuentwickeln" und „von anderen Affektivität und Vertrauen zu empfangen" (vgl. ebd.).

Darüber hinaus verfügt jedes Kind über das Recht, „sich selber auf die Suche nach kreativen Problemlösungsstrategien, nach fachlich nicht gebundenem Wissen und nach einer Individualität zu begeben, in der Reflexivität und Sensibilität einen ähnlichen Stellenwert haben" (vgl. ebd.). Es wird deutlich, dass die Reggio-Pädagogik die jeweils individuellen Lernstrategien der Kinder unterstützt und dass die Erzieherinnen kein vorgefertigtes Wissen auf die Kinder übertragen möchten. Sie bieten ihnen vielmehr Rahmenbedingungen, innerhalb deren die Kinder ihre eigenen Erfahrungen und Problemlösungsstrategien entwickeln können. Ein Kind der Kindertageseinrichtung *Diana* führt in diesem Zusammenhang aus: „Es ist ein Recht des Kindes, zu entscheiden" (Reggio Children 1998d: 27). Und ein anderes Kind stellt fest: „Kinder haben

das Recht, ihre Gedanken zu denken, weil sie darüber nachdenken müssen, was sie machen wollen" (a.a.O.: 48). Die jeweils individuellen Problemlösungsstrategien werden von den Erzieherinnen in Reggio Emilia nicht als falsch angesehen, sondern vielmehr als wichtige Zwischenerkenntnisse im Rahmen des kindlichen Forschungsprozesses aufgefasst. Von der Wichtigkeit dieses Prozesses, der zu gänzlich neuen Erkenntnissen führen kann, wissen auch die Kinder: „Man lernt viel durch Fehler: Wenn man beim Zeichnen einen Fehler macht und eine andere Form zeichnet, die nützlich sein kann, ist das kein Fehler. Man hat etwas erfunden, an das man vorher nicht gedacht hat" (a.a.O.: 53). Um zu diesen vorher nicht gedachten Erkenntnissen zu gelangen, müssen die Kinder die Möglichkeit besitzen, ihren Forschungsprozess ungestört durchzuführen. In der *Erklärung der drei Rechte* konstatiert Loris Malaguzzi dazu: „Voraussetzung hierfür ist ein nicht unterbrochener Prozeß der Ausdifferenzierung von Denk- und Handlungsfähigkeiten. Dieser Prozeß trägt auch dazu bei, daß Kinder Verständnis und Aufnahmebereitschaft gegenüber dem spezifisch anderen und gegenüber fremden Kulturen entwickeln" (Malaguzzi 1998e: 63f.).
Loris Malaguzzi betonte bereits in seinem in den 1970er-Jahren verfassten Manuskript *Die behinderten Kinder. Bericht über Erfahrungen in den kommunalen Krippen und Kindergärten der Region Reggio Emilia*, dass „die Wahrung der Rechte des Kindes auch konkret die Wahrung der Rechte des behinderten" Kindes umfasst (vgl. Malaguzzi 1976: 15).

4.3 Pädagogik der Beteiligung

Die vorangegangenen Ausführungen machen deutlich, dass die Reggio-Pädagogik aufgrund ihrer anthropologischen Grundlage und der daraus abgeleiteten pädagogischen Praxis eine inklusive Pädagogik ist.
Ein weiterer Aspekt, der den Anspruch der Reggio-Pädagogik auf Inklusion verwirklicht, liegt in den historisch gewachsenen Wertevorstellungen der Reggianer. Wie bereits im historischen Abschnitt dieser Arbeit dargelegt, blickt die Region Emilia Romagna und die Stadt Reggio Emilia auf eine lange demokratische Kultur zurück. Die Bürger der Region wandten sich bereits seit dem Mittelalter kontinuierlich gegen Regierungsformen, die nicht allen Bürgern gleiche Beteiligungsrechte zusprachen.

In Reggio Emilia führten dieses Demokratieverständnis und die Wertschätzung des Lebens in der Gemeinschaft („vivere insieme"); (vgl. Göhlich 1997: 184) zur Herausbildung eines Erziehungsprojekts mit Beteiligung aller Betroffen. Die reggianischen Pädagoginnen Angela Barozzi und Claudia Giudici sowie die pädagogische Koordinatorin Paola Cagliari führen in ihrem Artikel zur Ausgestaltung des reggianischen Erziehungsprojekts dazu aus: „Das pädagogische Projekt der Krippen und Kindergärten von Reggio Emilia ist schon von seiner Begriffsbestimmung her ein Projekt, das auf Beteiligung beruht: Seine wahre pädagogische Bedeutung liegt in der Beteiligung aller Betroffenen. Das heißt, dass alle – Kinder, Erzieherinnen und Eltern – beteiligt sind an den gemeinsamen Ideen, an der Diskussion, im Sinne von gemeinsamen Zielen mit hoher Wertschätzung für die Kommunikation. Besser als Trennung oder Meinungsverschiedenheit fördern Begegnungen beides: den Dialog zwischen verschiedenen Rollen, verschiedenen Ideen und Kulturen und die Verhandlungen, die dazu führen, zusammenzukommen" (Cagliari/Barozzi/Giudici 2004: 28).

Die vorangegangenen Ausführungen spiegeln sich auch in der Konzeption der Kindertageseinrichtung *Anna Frank* wider: „Die Kindertageseinrichtung ist ein Ort der Partizipation und des Austausches, und Erziehung ist ein fortwährender Prozess des Dialogs und des Zuhörens zwischen Kindern, Erzieherinnen und Eltern" (Scuola comunale dell'infanzia Anna Frank o.J: 17, Übersetzung d. Verf.). Es wird also sowohl den Kindern als auch den Eltern und Erzieherinnen das Recht auf Partizipation am Bildungsprozess eingeräumt. Durch die Idee der Teilnahme werden die Krippen und Kindertageseinrichtungen in Reggio Emilia zu sozialen und politischen Orten erklärt. Die Partizipation aller am Erziehungs- und Bildungsprozess Beteiligten „ist eine philosophische Entscheidung, eine Entscheidung, die auf Werten beruht, die wir in Reggio Emilia immer versucht haben, in die Lehre und ebenso in die berufliche Entwicklung und die Beteiligung der Familien einzubeziehen" (vgl. Cagliari/Barozzi/ Giudici 2004: 29).
Historisch gewachsene Wertvorstellungen wie Solidarität und Kooperation bestimmen die Ausgestaltung des pädagogischen Projekts in Reggio Emilia. Die Zielsetzungen des ersten „Volkskindergartens" (asilo del populo) in Villa Cella in den Nachkriegsjahren waren „eine Erziehung zu Demokratie, sozialer Gerechtigkeit und Solidarität, um über den

Weg einer neuen Kindererziehung zum Aufbau einer neuen Gesellschaft beizutragen" (vgl. Dreier 2006: 62).

Diese Verantwortung gegenüber der Gesellschaft zeigt sich auch heute noch in der Reggio-Pädagogik, was das folgende Zitat von Carlina Rinaldi belegt: „Wir engagieren uns für eine Gegenwart, die sich gegenüber der Vergangenheit bewusst und verantwortlich im Hinblick auf die Zukunft ist. Wir versuchten uns besonders bewusst zu machen, dass wir die Hauptverantwortlichen in einem Projekt waren, das nicht nur die frühkindliche Erziehung umfasste, sondern Menschen, die Menschheit. Und dieses Bewusstsein half uns zu verstehen, dass es notwendig war und immer noch ist, in der Pädagogik, aber auch in Bezug auf Ethik und Werte Entscheidungen zu treffen" (Rinaldi 2006e: 102, Übersetzung d. Verf.).

Die genannten Wertvorstellungen der Reggianer finden ihre Entsprechung auch im *Index für Inklusion*, wo Tony Booth und andere darlegen, dass Inklusion stets mit dem Nachdenken über Wertvorstellungen einhergeht: „Inklusion schließt immer Reflexion der Überzeugungen und Werte ein, die wir generell in unsere Arbeit einbringen, und darüber, wie wir unser Handeln mit den Werten der Inklusion in Verbindung setzen. Solche Werte haben mit Gleichheit und Fairness, der Bedeutung von Partizipation, dem Aufbau von sozialen Beziehungen und dem Recht auf gute sozialräumliche Unterstützungssysteme, mit Mitgefühl und Respekt vor Unterschieden zu tun. Genauso wichtig ist das Bestreben, eine verlässliche Zukunft für unsere Kinder und Jugendlichen zu schaffen" (Booth u.a. 2006: 13).

In Reggio Emilia dient das gemeinschaftliche Leben in genossenschaftlicher und demokratischer Tradition als Vorbild. Die Gemeinschaft mit all ihren dazugehörigen Teilen wird als Ressource angesehen, die für den Erziehungs- und Bildungsprozess in den Krippen und Kindertageseinrichtungen genutzt wird. In einem Interview aus dem Jahre 1998 führt Vea Vecchi dazu aus: „Die Kindererziehung ist ein soziales Phänomen. Ohne die Gemeinschaft, ohne die Gesellschaft ist es nicht möglich, eine gute Kindertageseinrichtung aufzubauen. Darüber hinaus müssen sich alle verschiedenen Teile einer Gesellschaft – der politische, der soziale und der ökonomische – gleichermaßen um die Kinder kümmern; ansonsten ist es unmöglich, eine gute Arbeit in unseren Kindertageseinrichtungen zu leisten" (Gedin zitiert nach Nutbrown/Abbott 2005: 4, Übersetzung d. Verf.).

Die Kindererziehung als Gemeinschaftsaufgabe spiegelt sich in Reggio Emilia auch in der gemeinschaftlichen Leitung der Kindertageseinrichtungen wider. Die kommunalen Krippen und Kindertageseinrichtungen werden nicht von einer Einzelperson geleitet, sondern gemeinschaftlich von einem kollektiven Leitungsrat (consiglio di gestione sociale). Dieser setzt sich aus Eltern, Erzieherinnen und Bürgern des Stadtteils zusammen. Die Aufgaben dieses Rates fasst Michael Göhlich folgendermaßen zusammen: „Der Leitungsrat gliedert sich in Arbeitsgruppen, die sich z.B. um die Gestaltung der pädagogischen Umgebung, die Auswahl und Aufnahme neuer Kinder, die Außenbeziehungen der Einrichtung oder um spezifische pädagogisch-didaktische Themen (z.B. Spielentwicklung und -materialien) kümmern" (Göhlich 1997: 191).

Parallelen lassen sich an dieser Stelle auch zum *Index für Inklusion* ziehen. Auf dem Weg zu einer inklusiven Einrichtung wird zu Beginn des Indexprozesses ein so genanntes Indexteam gegründet, das sich ähnlich dem kollektiven Leitungsrat in Reggio Emilia aus Vertretern verschiedenster Gruppen zusammensetzt. Im Index heißt es hierzu: „Die erste Phase des *Index* beginnt damit, dass man eine Personengruppe zusammenbringt, die den internen Entwicklungsprozess leiten wird. Die Teammitglieder sensibilisieren sich für den Index in der Einrichtung, informieren sich über die Materialien und bereiten deren Verwendung für die interne Entwicklung der Einrichtung durch die Mitarbeiter/innen, Leitungsteams/Leiterinnen, Eltern und Kinder vor. (...) Es ist wichtig, dass das Team die kulturelle und soziale Mischung der Einrichtung repräsentiert. So können auch Vertreter/innen der Eltern, der Gemeinde und der Träger/Fachberatung mitarbeiten" (Booth u.a. 2006: 33f.).

Die inklusive Haltung der Reggio-Pädagogik zeigt sich auch in dem egalitären Personalsystem innerhalb der Kindertageseinrichtungen. Caroline Hunter, Mutter einer Tochter in der Krippe *Arcobaleno,* erläutert in dem nachfolgenden Zitat ihre Erfahrungen dazu: „Mir gefiel besonders die nichthierarchische Personalstruktur. Das ganze Personal, einschließlich des nichtpädagogischen Personals, wurde für seine bemerkenswerte und persönliche Arbeit wertgeschätzt, und hierdurch unterhielten sich sowohl Eltern als auch Kinder ganz natürlich mit der Köchin und dem Reinigungspersonal über die Einrichtung wie mit jedem anderen auch" (Hunter 2005: 39, Übersetzung d. Verf.). Auf eine gleichberechtigte Beteiligung des ganzen Personals zielt auch der *Index für Inklusion* ab. Tony Booth und andere führen dazu aus: „Das Index-Team sollte zum Modell für inklusive Praxis werden, indem es kooperativ arbeitet, um sicherzustellen, dass jedem genau zugehört wird, ohne Ansehen des Geschlechts, des Hintergrunds oder Status, so dass niemand die Diskussionen dominiert. Die Teammitglieder sollten fühlen, dass sie sich gegenseitig vertrauen können und dass es möglich ist, frei und vertraulich zu sprechen. Jedes Teammitglied sollte seine Meinungen in einer Art und Weise vortragen, die zum Dialog einlädt. Differenzen sollten als Quelle des Fortschritts im Denken begrüßt werden" (Booth u.a. 2006: 34).

4.3.1 Pädagogik des Zuhörens

Im Hinblick auf die Beteiligung aller Kinder in den kommunalen Krippen und Kindertageseinrichtungen in Reggio Emilia spielt auch die Erzieherin eine große Rolle. Im Abschnitt „Anthropologische Grundlage – Das Bild vom Kind" wurden die Kompetenzen eines jeden Kindes dargelegt. Um diese bereits bei der Geburt vorhandenen Potenziale entfalten zu können, benötigt das Kind eine *kompetente Erzieherin* (vgl. Lingenauber 2007: 29ff.). Auch sie verfügt über zahlreiche Kompetenzen, von denen im Folgenden insbesondere ihre Fähigkeit des Zuhörens und des Beobachtens behandelt werden. Darüber hinaus wird auch auf ihre Rolle als Forscherin eingegangen.
Jedes Kind verfügt über hundert Sprachen, d.h. über eine Vielzahl von Lern- und Ausdrucksmöglichkeiten. In Reggio Emilia geht man davon aus, dass jedes Kind unterschiedliche Sprachen benutzt, um sich auszudrücken und dabei gleichzeitig sein eigenes Wissen selbst zu konstruieren. Die Aufgabe der Erzieherin innerhalb dieses Prozesses besteht nun darin, dem Kind „Wissens- und Kompetenzleihgaben" (vgl. a.a.O.: 32) zur Verfügung zu stellen. Diese Leihgaben sollen aber nur in solchen Situationen neue Impulse für den weiteren Selbstlernprozess des Kindes geben, in denen es während seines Forschungsprozesses nicht weiterkommt. Sabine Lingenauber führt dazu näher aus: „In der Reggio-Pädagogik geht man davon aus, dass sich das Kind vorzugsweise komplexe Fragestellungen aussucht. Es wünscht sich nicht einfach deren

Beantwortung durch die Erzieherin, sondern es wünscht sich Hilfe an solchen Stellen, an denen es allein nicht weiterkommt. Die Erzieherin, die sich als Wegbegleiterin versteht, lässt das Kind nicht auf Irrwegen verzweifeln, wenn sie beispielsweise beobachtet, dass es mit der Erforschung eines Phänomens nicht weiterkommt" (ebd).

Um diese Hilfen an den beschriebenen Stellen geben zu können, muss die Erzieherin das Kind genau beobachten und ihm genau zuhören. Carlina Rinaldi resümiert: „Wenn wir davon ausgehen, dass Kinder ihre eigenen Theorien, Interpretationen und Fragen besitzen und Ko-Protagonisten im Prozess des Wissenserwerbs sind, dann ist das wichtigste Verb in der pädagogischen Praxis nicht mehr länger das ‚Sprechen', das ‚Erklären' oder das ‚Vermitteln', sondern das ‚Zuhören'. Zuhören bedeutet, offen zu sein gegenüber anderen und dem, was sie zu sagen haben, den hundert oder mehr Sprachen mit all unseren Sinnen zuzuhören. Zuhören ist ein aktives Verb, weil es bedeutet, eine Nachricht nicht nur wahrzunehmen, sondern sie auch zu interpretieren, so dass diese Nachricht in dem Augenblick eine Bedeutung erlangt, in dem der Zuhörer sie erhält und auswertet" (Rinaldi 2006d: 125f., Übersetzung d. Verf.).

Die Ausführungen unterstreichen die Bedeutung der Erzieherin als aktive Zuhörerin und Beobachterin im Prozess des Wissenserwerbs des Kindes. Dem Kind wird die Fähigkeit zugeschrieben, seine eigenen Theorien, Interpretationen und Fragen zu entwickeln, so dass die Aufgabe der Erzieherin darin besteht, den vielfältigen Ausdrucksformen der Kinder mit all ihren Sinnen zuzuhören und diese zu beobachten. Das bedeutet, dass sie sich nicht nur auf die verbale Sprache und die Schriftsprache konzentriert, sondern auf alle Ausdrucksformen des Kindes aktiv achtet und diese interpretiert.

In der Projektdokumentation *Die Kinder vom Stummfilm* unterstreicht Loris Malaguzzi die Kompetenz der Erzieherin als aktive Zuhörerin für die Entschlüsselung der hundert Sprachen der Kinder. Er schreibt: „Unentbehrliche Voraussetzung für das Verständnis der Geschichte ist die Fähigkeit, die den Kindern eigenen Sprachformen zu entschlüsseln. Das heißt, wir müssen ihnen ins Gesicht, in die Augen sehen, ihre Hände beobachten, denn hier entstehen die Wörter, Handlungen und Gefühle, der Sinn all ihres Tuns" (Malaguzzi 1998b: 11). Durch diese Vorgehensweise ist die Erzieherin in der Lage, mit jedem Kind zu kommunizieren und ihm innerhalb des Wissenserwerbsprozesses hilfreiche Wissens- und Kompetenzleihgaben zu offerieren, die den Fortgang seines Forschungsprozesses ermöglichen. In Bezug auf die Fragestellung dieses Buches bietet sich dieser Aspekt der Reggio-Pädagogik erneut als Antwort an. Durch ein genaues Zuhören, bei dem die Erzieherin all ihre Sinne gebraucht, werden alle Sprachen wahrgenommen, auch die Äußerungen von Kindern mit besonderen Rechten, die sich nicht verbal oder schriftsprachlich ausdrücken können.

In ihrem Artikel *Special needs or special rights?* stellt Sylvia Phillips fest, dass die Reggio-Pädagogik somit auch Kindern mit Beeinträchtigungen eine „Stimme" gibt (vgl. Phillips 2005: 52). Denn in der Reggio-Pädagogik geht man davon aus, dass die Mitteilungen der Kinder erst durch das aktive Zuhören und Beobachten der Erzieherinnen bzw. der anderen Kinder Bedeutung erhalten. Durch eine wechselseitig aufeinander bezogene Kommunikation, so Carlina Rinaldi, wird das jeweilige Kind aus der Anonymität herausgeholt, es wird sichtbar und wertgeschätzt (vgl. Rinaldi 2006a: 65).

Carlina Rinaldi unterrichtet gegenwärtig LehramtsstudentInnen an der Universität Modena und Reggio Emilia (Università di Modena e Reggio Emilia). In einem Interview mit Gunilla Dahlberg und Peter Moss hebt sie die Wichtigkeit des kompetenten Umgangs mit den hundert Sprachen im Rahmen der Ausbildungsinhalte hervor. Sie stellt fest: „Studenten müssen mehr über die derzeitigen Sprachen und deren Gebrauch als Werkzeug wissen. Ich meine auch, dass das kompetente Kind dem Lehrer helfen kann, kompetent zu werden. Die hundert Sprachen der Kinder sollten die hundert Sprachen der Lehrer werden. Der Lehrer kann hundert Sprachen erwerben, indem sie oder er ihre oder seine Kompetenz entdeckt, zuzuhören und nicht nur zu reden. Der Lehrer kann im Ausdruck und in der Kommunikation kompetent mit den hundert Sprachen umgehen und hundert verschiedene Medien nutzen, wenn sie oder er Theorie und Praxis, Zeit und Raum, Hände und Geist, Schule und Gesellschaft, Träume und Leidenschaft, Stärke und Freude verbinden kann" (Rinaldi/ Dahlberg/Moss 2006c: 195, Übersetzung d. Verf.).

In Reggio Emilia geht man also davon aus, dass das kompetente Kind der Erzieherin im Wahrnehmen und Interpretieren der hundert Sprachen behilflich sein kann. Der „begabte Pädagoge", wie Loris Malaguzzi ihn nennt, ist das Resultat eines Interaktionsprozesses zwischen ihm, Kindern und anderen Erwachsenen. Loris Malaguzzi führt dazu aus: „Er entsteht nur in der Zusammenarbeit mit Kindern und anderen Erwachsenen, indem sie zusammen etwas aufbauen, Fehler zusammen machen, sie korrigieren, indem sie die getane Arbeit gemeinsam überarbeiten und darüber reflektieren. Die Kultur unserer Erzieher ist nicht nur eine Frage von Forschung und Wissen. Ich glaube, sie drückt sich auch in einem bestimmten Stil aus, in der Herangehensweise an Intelligenz, Vorstellungskraft und die Bedürfnisse der Kinder nach Zuneigung und Sicherheit. Schließlich stellt das eine Art Ressource für den Erzieher dar, gibt ihm Ausdauer und Leidenschaft für seine Arbeit. Es verstärkt die ständige Neugier, die eine Art ‚Versicherung' der Pädagogen für ihr berufliches Leben ist" (Malaguzzi 2004: 13).

Die Erzieherin in Reggio Emilia erweitert also ihre Kompetenzen hinsichtlich des Zuhörens und der Entschlüsselung der hundert Sprachen der Kinder innerhalb eines gemeinsamen Forschungsprozesses mit Kindern und Erwachsenen zusammen. Nicht nur das Kind wird in der Reggio-Pädagogik als eifriger Forscher angesehen, sondern die Erzieherin versteht sich selbst auch als Forscherin. Sabine Lingenauber führt dazu aus: „Sie begibt sich als solche in eine besondere Art der Beziehung zum Kind, die Carla Rinaldi als *Verhältnis gemeinsamen Suchens und Nachforschens* bezeichnet hat. Neben bereits vorhandenen Kompetenzen, verstanden als bereits existierendes Können und Wissen, zeigt die Erzieherin in Reggio Emilia auch eine ständige Lernbereitschaft, die auf ein noch zu erwerbendes Können und Wissen verweist. Damit geht ein Nicht-Festgelegt-Sein auf bestimmte Antworten und eine Offenheit für Neuinterpretationen einher, die für Wahrnehmung, Verständnis und Toleranz des Kindes von größter Bedeutung sind" (Lingenauber 2004c: 50f.).

Vea Vecchi führt in einem Interview aus dem Jahr 1998 aus, dass Kinder ein großes Bedürfnis nach Kommunikation besitzen. Ihrer Ansicht nach werden sie oftmals missverstanden. Diese Missverständnisse entstünden jedoch nicht nur durch die Wortwahl eines Kindes, sondern auch durch die Erwartungen des Zuhörers hinsichtlich des Kindes. Sie resümiert: „Kinder haben ein ausgeprägtes Bedürfnis zu kommunizieren. Sie versuchen den ganzen Tag, miteinander zu kommunizieren. Es ist nicht immer einfach. Manchmal werden sie missverstanden. Ein Missverständnis kann nicht nur aus der Wortwahl des Kindes entstehen, sondern auch durch die Erwartungen des Zuhörers in Bezug auf das Kind" (Gedin zitiert nach Nutbrown/Abbott 2005: 4, Übersetzung d. Verf.).

Die von Reggio Children herausgegebene Publikation *A rustling of wings* dokumentiert Theorien, die fünf- bis sechsjährige Kinder der Kindertageseinrichtung *Diana* über Engel aufgestellt haben. Ein Auszug aus den dokumentierten Überlegungen verdeutlicht die kreative Phantasie der Kinder: „Engel machen wenig Lärm und sprechen mit einer Luftstimme. (...) Sie haben grüne Flügel und essen Gras; ich habe sie niemals gesehen, sie sind in den Wäldern, vielleicht schlafen sie in besonderen Nestern in den Bäumen" (Reggio Children 2005a: o.S., Übersetzung d. Verf.). In ihren Erläuterungen zu den Ausführungen der Kinder stellt Vea Vecchi fest, dass es unterschiedliche Qualitäten des Zuhörens gibt. Sie unterstreicht, dass die Erzieherin die von den Kindern vermittelten Inhalte als Bereicherung empfinden muss, um aktiv und wirklich zuhören zu können, und schreibt: „Es gibt viele Formen des Zuhörens. Die schwierigste ist die, bei der man dem Gegenüber Raum für seine Strategien und Standpunkte lässt. Es findet kein wahres Zuhören und Respektieren statt, wenn wir nicht davon überzeugt sind, dass die andere Person imstande ist, uns wichtige Dinge zu erzählen, die uns bereichern können" (Vecchi 2005: o.S., Übersetzung d. Verf.). Ein Zitat von Carlina Rinaldi unterstreicht die von Vea Vecchi gemachten Ausführungen: „Zuhören bedeutet, offen zu sein für Unterschiede und den Wert unterschiedlicher Standpunkte und Interpretationen von anderen anzuerkennen" (Rinaldi zitiert nach Scott 2005: 28).

Dass dieses Offensein für Unterschiede und dieses Anerkennen unterschiedlicher Standpunkte in der Praxis der kommunalen Kindertageseinrichtungen in Reggio Emilia gelingt, belegt das nachfolgende Zitat von Caroline Hunter, Mutter des Mädchens Sunniva aus der Krippe *Arcobaleno*. In ihrem Erfahrungsbericht schreibt sie: „Mein Eindruck war, dass meinem Kind sehr aufmerksam zugehört wurde und dass jeder erkundete Weg eine neue Reise sowohl individueller als auch gemeinsamer Entdeckung darstellte" (Hunter 2005: 39, Übersetzung d. Verf.).

Ein weiteres Beispiel aus der Praxis der reggianischen Kindertageseinrichtungen führt die für alle Kinder mit besonderen Rechten zuständige psychologische Pedagogista Ivana Soncini an. Es handelt sich hierbei um Stella, ein Mädchen mit besonderen Rechten, das im Alter von drei Jahren die Kindertageseinrichtung *Diana* besuchte. Bis zu diesem Zeitpunkt schlief Stella sehr häufig auch tagsüber. Aus diesem Grunde war sich insbesondere die Mutter nicht sicher, ob ihre Tochter die Kindertageseinrichtung überhaupt besuchen sollte. Nach vielen Gesprächen zwischen den Erzieherinnen und den Eltern ging Stella schließlich in die Einrichtung *Diana*, und die Erzieherinnen begannen ihre Arbeit des Zuhörens, d.h. der aktiven Beobachtung Stellas mit all ihren Sinnen. In Abgrenzung zur medizinischen Diagnose sind die Erzieherinnen in Reggio Emilia bestrebt, sich ihr eigenes Bild vom Kind zu machen. Ivana Soncini führt dazu näher aus: „Als Teil unserer Philosophie in allen unseren Kindertageseinrichtungen möchten wir als Erzieherinnen unser eigenes Wissen vom Kind entwickeln. Wir möchten das Kind von unserem Standpunkt aus betrachten und es zwischen anderen Kindern beobachten; wir unterscheiden unsere berufliche Rolle von der des medizinischen Systems" (Smith 1998: 210, Übersetzung d. Verf.).

Zu Beginn ihrer Zeit in der Kindertageseinrichtung bewegte sich Stella so gut wie gar nicht und zeigte auch keine großen Veränderungen im Gesichtsausdruck. Dennoch wurde durch das intensive und kontinuierliche Zuhören und Beobachten von Stellas Ausdrucksformen im Laufe der Zeit sehr viel Wissen erworben, durch das die Erzieherinnen Stella die benötigten Wissens- und Kompetenzleihgaben während ihres Entwicklungsprozesses geben konnten. Ivana Soncini erklärt weiter: „Wir entschieden, dass wir einen Kontext schaffen mussten, indem wir auf jeden auch noch so kleinen Versuch, den sie machte, reagieren konnten" (a.a.O.: 211, Übersetzung d. Verf.). Verschiedenste Kommunikationsversuche wurden durch auditive, taktile, visuelle und verbale Stimulationen unternommen. „Dieser geduldige Prozess des Wartens, Beobachtens und Reagierens war schließlich erfolgreich. In der Mitte des Schuljahres beschäftigte sich Stella bereits mit Wasserspielen in kleinen Gruppen von Kindern im Baderaum. Sie liebt diese Wasserspiele immer noch. Aber welches Kind tut das nicht! Sie machte Fortschritte im Spielen mit Sand, und wir beobachteten, dass ihr Interesse zu spielen sich verstärkte. Die Phase ihrer Aufmerksamkeit verlängerte sich, sie begann bei den anderen mitzumachen, das Singen zu genießen und an den

Leuchttischen zu spielen. Dieses Jahr hat sie angefangen zu stehen" (ebd., Übersetzung d. Verf.).

Die vorangegangenen Ausführungen zeigen, welche herausragende Rolle die Kompetenz der Erzieherin als Beobachterin und Zuhörerin im Entwicklungs- und Inklusionsprozess des Kindes spielt. Das Kind benötigt eine kompetente Erzieherin, die innerhalb eines interaktiven Forschungsprozesses die verschiedenen Sprachen der Kinder entschlüsselt. Das aufmerksame Zuhören der Erzieherin mit all ihren Sinnen ermöglicht eine ganzheitliche Sicht auf das Kind. Vorhandene Kompetenzen und Potenziale eines jeden Kindes werden durch diese Vorgehensweise sichtbar gemacht und unterstützt. Diese pädagogische Praxis findet auch im *Index für Inklusion* ihre Entsprechung: „Inklusion verlangt den Blick auf die ganze Persönlichkeit des Kindes. Dies wird vernachlässigt, wenn Inklusion nur auf einen Aspekt eines Kindes bezogen ist, etwa eine Behinderung oder die Notwendigkeit, Deutsch als zusätzliche Sprache zu lernen. (...) Wir müssen es vermeiden, in Stereotypen zu denken" (Booth u.a. 2006: 15). Es konnte gezeigt werden, dass die Rolle der Erzieherin in der Reggio-Pädagogik ein weiterer Indikator für die Verwirklichung von Inklusion nach dem Index darstellt.

4.3.2 Die Dokumentation

Nachdem im letzten Abschnitt die Rolle der Erzieherin als zuhörende und interpretierende Zeugin der kindlichen Entwicklung untersucht wurde, wird in diesem Abschnitt die Rolle der Dokumentation betrachtet. Sie ist ein hervorstechendes Merkmal der Reggio-Pädagogik und findet in der Praxis der kommunalen Krippen und Kindertageseinrichtungen in Reggio Emilia täglich Anwendung.

Die Art der Dokumentation hängt von der jeweiligen Lernsituation der Kinder ab. Es werden Fotos, Videos, schriftliche Notizen, Zeichnungen, Tonbandaufnahmen und Arbeiten von Kindern für die Dokumentation des Lernprozesses verwendet (vgl. Thornton/Brunton 2005: 85). In den kommunalen Krippen und Kindertageseinrichtungen sind bislang zahlreiche Dokumentationen entstanden, von denen einige durch den Verein Reggio Children veröffentlicht wurden. Die bereits erwähnte Geschichte von Laura und Daniele ist beispielsweise das Ergebnis einer transkribierten Tonbandaufnahme (vgl. Reggio Children 1998c). Die

Phantasiespiele der Kinder vom Stummfilm werden durch Fotografien sichtbar (vgl. Reggio Children 1998a), und in der Veröffentlichung des Projekts zur Konstruktion eines Vergnügungsparks für Vögel werden die Prozesse sowohl durch Zeichnungen als auch durch transkribierte Tonbandaufnahmen und Fotografien dokumentiert (vgl. Reggio Children 1998b). Alle Projektdokumentationen werden durch Informationen der Erzieherinnen ergänzt.

In der Projektdokumentation *Springbrunnen* resümiert Loris Malaguzzi: „Hier wird erzählt, was die Kinder gesagt und getan, was sie manchmal allein ausgedacht, diskutiert und gemacht haben, wozu sie in anderen Momenten Ermunterung und Zustimmung erbaten und wie sie manchmal ihre Hände und Gedanken mit denen der Erwachsenen verbanden" (Malaguzzi 1998d: 12).

Die Strategie der Dokumentation unterstreicht den Ansatz der Reggio-Pädagogik, das Kind zu beobachten, ihm zuzuhören und seine metaphorisch verstandenen hundert Sprachen entschlüsseln zu wollen. Die Dokumentation zielt darauf ab, die „ungehörten Stimmen der Kinder" hörbar zu machen (vgl. Reggio Children 1998c). Auf diese Weise erfahren die Kinder eine große Wertschätzung und können während ihrer Forschungstätigkeiten angemessen unterstützt werden.

Die für alle Kinder mit besonderen Rechten zuständige psychologische Pedagogista Ivana Soncini erläutert in einem Interview mit Cathleen Smith, dass die Planung der pädagogischen Praxis bei der Beobachtung und der Dokumentation ihren Ausgang nimmt. Diese beiden Vorgehensweisen werden bei allen Kindern angewandt. Bei Kindern mit besonderen Rechten, so Ivana Soncini, stellen sie aber eine zusätzliche Hilfestellung dar. Sie führt aus: „Das bedeutet, dass wir, wie bei all unserer Arbeit mit Kindern, mit der Beobachtung und der Dokumentation beginnen. Die Beobachtung und die Dokumentation sind immer grundlegend, aber sie sind in besonderer Weise hilfreich im Hinblick auf Kinder mit besonderen Rechten" (Smith 1998: 204, Übersetzung d. Verf.).

Durch die Beobachtung und die Dokumentation sind die Erzieherinnen in der Lage, eine didaktische Ausarbeitung in Bezug auf das Kind mit besonderen Rechten zu planen. Die Kindertageseinrichtung kooperiert hierbei mit den Verantwortlichen aus dem Gesundheitsbereich, und es werden Arbeitsweisen und Materialien in die Beschreibung der Vorgehensweise aufgenommen. Ivana Soncini erläutert: „Was wir tun, ist Folgendes. Nach einer anfangs ziemlich langen Beobachtungs- und Dokumentationsphase stellen wir gemeinschaftlich das zusammen, was wir eine *Absichtserklärung* nennen. Diese ist eine schriftliche Vereinbarung zwischen der Schule und den Verantwortlichen aus dem Gesundheitsbereich, um eine Zusammenarbeit sicherzustellen. Die Erklärung enthält Angaben zu den Methoden und den Materialien, die wir wahrscheinlich verwenden werden, und darüber hinaus jegliche Vorschläge, wie die Arbeit ausgeführt werden könnte" (ebd., Übersetzung d. Verf.).

Dieser zusammen erarbeitete Plan stellt jedoch keine verbindliche und statische Erklärung dar, sondern wird durch die kontinuierlich stattfindende Beobachtung, Interpretation und Dokumentation des Entwicklungsprozesses des Kindes permanent überprüft, und zwar dahingehend, ob der Plan noch mit den Rechten und Interessen des Kindes übereinstimmt. Die psychologische Pedagogista konstatiert: „Die Erklärung ist *kein* formalisiertes, bindendes Dokument, das die Mitarbeiter ohne jegliche Flexibilität befolgen müssen. Sobald die Erzieherinnen das Kind besser kennen lernen, erwartet man, dass sie das Programm unter meiner Aufsicht und jener der einrichtungseigenen Pedagogista revidieren, reinterpretieren und verbessern. Der Ansatz des Plans besteht darin, sich nicht nur auf die Beeinträchtigung des Kindes zu konzentrieren, sondern auch auf seine außerordentlichen Kompetenzen. Für uns ist es wichtig, viele hochwertige Angebote zu machen und hohe Erwartungen zu haben. Unsere Arbeit ist es, dem Kind zu helfen, seinen Weg zu finden, und wir tun dies durch Motivation und Interesse" (ebd., Übersetzung d. Verf.).

Ein weiterer wichtiger Dokumentationsprozess für alle Kinder, insbesondere aber für Kinder mit besonderen Rechten, ist das Anlegen eines Portfolios. Sein Inhalt, so Ivana Soncini, dokumentiert auf vielfältige Art und Weise die Entwicklung des jeweiligen Kindes: „Ein weiterer Dokumentationsprozess, der eine Standardpraxis für alle unsere Kinder darstellt, ist sehr wichtig für Kinder mit besonderen Rechten. Jedes Kind in einer Krippe oder in einer Kindertageseinrichtung hat ein fortlaufendes Portfolio mit Fotos, schriftlichen Beobachtungen, anekdotischen Aufzeichnungen von wichtigen Ereignissen und Arbeiten des Kindes. Die Erzieherinnen wenden sehr viel Zeit und Mühe auf, diese Aufzeichnungen aktuell zu halten und die Entwicklung des Kindes zu reflektieren. Die Dokumentation ist mehr als ein Bericht. Sie ist eine Reflexion der

Zusammenarbeit zwischen den Mitarbeitern, der Familie und den Erzieherinnen zur Unterstützung der Entwicklung des Kindes. Die Dokumentation ist für die Familie immer zugänglich, und das vollständige
Portfolio wird von der Familie am Ende der mehrjährigen Erfahrungszeit
des Kindes in der Kindertageseinrichtung mit nach Hause genommen"
(ebd., Übersetzung d. Verf.).

In diesem Zitat zeigt sich eine weitere wichtige Aufgabe der Dokumentation. Durch das Festhalten des Entwicklungsprozesses des Kindes wird
ein Austausch zwischen allen am Erziehungs- und Bildungsprozess beteiligten Akteuren möglich. Alfredo Hoyuelos, Atelierleiter, Dozent an
der Universität Pamplona und Loris Malaguzzis Biograph, stellt in seinem Artikel *Eine Pädagogik der Verstöße* fest: „Die Dokumentation in all
ihren verschiedenen Formen repräsentiert auch eine außergewöhnliche
Fähigkeit zum Dialog, zum Austausch, zum Teilen. Für Malaguzzi bedeutet das die Möglichkeit, ‚alles mit allen' zu diskutieren und mit allen
in Dialog zu treten (Lehrer, Helfer, Köche, Familien, Verwaltungsbeamte
und Bürger)" (Hoyuelos 2004: 7).

Die Dokumentation ermöglicht den in der Reggio-Pädagogik sehr zentralen Dialog über die festgehaltenen Lernprozesse der Kinder. Im Rahmen dieses Dialoges findet die Interpretation der dokumentierten Prozesse zwischen den am Erziehungs- und Bildungsprozess beteiligten
Personen statt. Peter Moss und Carlina Rinaldi unterstreichen in ihrem
Artikel *Was ist Reggio?* die Tatsache, dass das Lernen an sich Gegenstand permanenter Erforschung sei und als dieses sichtbar gemacht
werden müsse. Sie schreiben: „Ein Weg dazu führt über den Prozess
der pädagogischen Dokumentation, in dem Lernprozesse auf verschiedene Weise interpretiert werden, so dass sie mit anderen geteilt, dass
über sie diskutiert und dass sie interpretiert werden können, dass über
sie reflektiert werden kann" (Moss/Rinaldi 2004: 2f.).

Im Jahr 2005 war die Ausstellung *Hundert Sprachen hat das Kind* in
Deutschland zu sehen. Sie zeigte zahlreiche Werke von Kindern aus
den kommunalen Krippen und Kindertageseinrichtungen in Reggio Emilia. Im Begleitprogramm der Ausstellung fanden zwei Studientage mit
mehreren Vorträgen zur Reggio-Pädagogik in Weingarten statt. Die
Pedagogista Elena Giacopini führte in ihrem Vortrag *Konzept und Praxis
der Reggio-Pädagogik* in Bezug auf die Dokumentation und das hierdurch möglich werdende Interpretieren der Entwicklungsprozesse Fol-

70

gendes aus: „Die Kultur des Kindes zu interpretieren bedeutet, die Kultur des Kindes wertzuschätzen und zu verstehen. Es geht hierbei um Sensibilität und Empathie" (Giacopini 2005).

Die Tatsache, dass sich die Kinder durch die Dokumentation wertgeschätzt fühlen, zeigt auch das Beispiel Angela Nurses, die im April 1999 an einer britischen Studienreise nach Reggio Emilia teilnahm. In einer kommunalen Kindertageseinrichtung begegnete sie einem kleinen Jungen mit besonderen Rechten, der ihr sein persönliches Portfolio zeigte und ihr stolz seine Arbeiten erklärte. Da die Aufzeichnungen in Reggio Emilia auch den Zeitpunkt der jeweiligen Dokumentationen festhalten, konnte sie die Entwicklung der einzelnen Werke chronologisch verfolgen (vgl. Nurse 2005: 67f.).

Das vorangegangene Beispiel belegt die Wertschätzung, die das Kind durch die Dokumentation erfährt. Gleichzeitig wird deutlich, dass die Dokumentation auch für den Erkenntnisprozess des Kindes außerordentlich hilfreich ist. Durch die vielfältigen Zeugnisse ihrer Entwicklungsprozesse sind die Kinder in der Lage, diese erneut zu reflektieren. Hierzu tragen auch die so genannten *sprechenden Wände* in den kommunalen Kindertageseinrichtungen bei. Es handelt sich hierbei um aktuelle Aktivitäten und Interessen der Kinder, die in Form von Fotos samt entsprechenden Erläuterungen an den Wänden der Einrichtungen angebracht werden. In einem Artikel aus dem Jahr 2004 erläutert Tassilo Knauf die Wirkung dieser Wanddokumentationen auf die Kinder: „Sie erinnern die Kinder daran, was sie in den letzten Tagen und Wochen erforscht, diskutiert oder gebaut haben und womit sie sich gedanklich und emotional beschäftigt haben" (Knauf 2004c: 30).

Gleichzeitig gibt es in jeder Einrichtung auch täglich stattfindende Dokumentationen ausgewählter Tagesaktivitäten, die durch Fotos und Notizen in einem Heft festgehalten werden. Auf diese Weise können sich auch die Eltern ein Bild vom Tag ihres Kindes machen. Jenny Leask, Mutter des kleinen Sam aus der Krippe *Arcobaleno*, erläutert ihre Erfahrungen mit der Dokumentation so: „Als Elternteil empfand ich, dass all diese unterschiedlichen Dokumentationsformen ein lebendiges, klares, spannendes und zuweilen auch sehr bewegendes Verständnis und einen Zugang zu Sams Leben in der Krippe ermöglichten. Gleichzeitig wurden mir hierdurch auch die Augen für die Idee des Kindes als Navigator seines eigenen Lernens geöffnet" (Leask 2005: 46, Übersetzung d. Verf.). Es wird deutlich, dass die Eltern mithilfe der Dokumentation ihr

Kind aus einer neuen Perspektive betrachten können und hierdurch neue, noch nicht wahrgenommene Potenziale ihres Kindes kennen lernen. Gleichzeitig zeigt sich im angeführten Zitat von Jenny Leask, dass verschiedene Aspekte, beispielsweise „das reiche Bild vom Kind", durch die Dokumentation diskutiert bzw. vermittelt werden können.

Die Dokumentation in den kommunalen Kindertageseinrichtungen in Reggio Emilia dient aber nicht nur der Sichtbarmachung der Entwicklungsprozesse für Eltern, Kinder, Erzieherinnen und Bürger. Vielmehr ist durch die Dokumentation auch ein Prozess der Evaluation möglich. Carlina Rinaldi erläutert: „Es gibt noch einen anderen Grund, warum die Dokumentation wichtig ist. Sie stellt einen permanenten Prozess der Evaluation dar. Wenn man über die Ergebnisse diskutieren kann und wenn ich den Prozess einbeziehen kann, ist die Dokumentation ein gutes Instrument" (Rinaldi/Dahlberg/Moss 2006c: 203, Übersetzung d. Verf.).

Die Nutzung der Dokumentation als Instrument der Evaluation anstelle punktueller Testverfahren findet ihre Entsprechung auch im *Index für Inklusion*. Tony Booth und andere führen dazu aus: „Der begleitende Ansatz zur Verbesserung einer Einrichtung, den der *Index* liefert, bietet eine Alternative zu einem, der auf Überprüfung, Wettbewerb und Versagensangst aufbaut. Er schließt eine genaue Betrachtung ein, wie man die Barrieren für Spiel, Lernen und Partizipation jeden Kindes verringern kann" (Booth u.a. 2006: 10).

Gleichzeitig wird den Pädagoginnen und Pädagogen in Reggio Emilia durch die Dokumentation auch die Möglichkeit gegeben, eine Selbstevaluation vorzunehmen. Durch die Aufzeichnungen in Form verschiedenster Medien sind sie in der Lage, sich ihrer eigenen Handlungen bewusst zu werden und diese nachzuvollziehen. Carlina Rinaldi stellt dazu fest: „Ich glaube, dass die Dokumentation das beste Instrument für die Erzieherin ist, sich ihrer eigenen Theorien bewusst zu werden, die sie aufgrund ihres Hintergrundes besitzt, nicht nur aufgrund ihres akademischen Hintergrundes, sondern auch wegen ihres kulturellen Hintergrundes – etwas, das in der Gesellschaft besteht, im Fernsehen, überall. Und das ist etwas, was Reggio sehr gut versteht, wie diese Theorien das Bild vom Kind erzeugen. Die Dokumentation war und ist immer noch das einzige Instrument, das ich für die Infragestellung bisherigen Wissens, beruflicher Entwicklung, von Identität und so weiter sehe" (Rinaldi/Dahlberg/Moss 2006c: 182, Übersetzung d. Verf.). Gehe man das „Risiko der Evaluation" nicht ein, so Carlina Rinaldi, könne man an den bisherigen Verhältnissen nichts ändern. Die Dokumentation stelle einen Teil des Prozesses dar, durch den die Pädagoginnen und Pädagogen in Reggio Emilia sich immer wieder herausforderten und dadurch Veränderungen vornehmen könnten (vgl. a.a.O.: 209).

Mit dem Prozess der kontinuierlichen Evaluation der Lern- und Entwicklungsprozesse und der beständigen Selbstevaluation steht die Reggio-Pädagogik in hohem Maße in Übereinstimmung mit den Zielen des *Indexes für Inklusion*. Hier heißt es dazu: „Der *Index* stellt Hilfen für einen begleitenden Prozess der Selbstevaluation und Entwicklung zur Verfügung, der sich auf die Sichtweisen von Erzieherinnen, Kindern und Jugendlichen, Eltern und der Bevölkerung des Stadtteils bezieht wie auch auf diejenigen, die die Mitarbeiter/innen in den Einrichtungen leiten und beraten" (Booth u.a. 2006: 10).

Die Dokumentation in Reggio Emilia ist in den 1970er-Jahren entstanden in der Absicht, zu überprüfen, ob Theorie und Praxis in den Kindertageseinrichtungen übereinstimmen. Hinter der Dokumentation steht die Idee der Transparenz (vgl. Rinaldi/Dahlberg/Moss 2006c: 181).

Was unter der Idee der Transparenz und der durch sie möglich werdenden Veränderungen genau zu verstehen ist, wird im folgenden Beispiel der psychologischen Pedagogista Ivana Soncini deutlich. Zu ihren Aufgaben gehört unter anderem die Durchführung interner Fortbildungen für die Erzieherinnen in den kommunalen Kindertageseinrichtungen. Eine zentrale Rolle spielen in diesem Zusammenhang die Selbstbeobachtung und die Selbstanalyse der Erzieherinnen. Treten während der Fortbildungen im alltäglichen Erziehungs- und Bildungsprozess der Einrichtung Situationen auf, die Ivana Soncini später im Team zur Diskussion stellen möchte, so dokumentiert sie diese beispielsweise mithilfe einer Videokamera. Sie beschreibt ihre Vorgehensweise: „Meine Hauptaufgabe während interner Fortbildungen gründet auf den Methoden der Selbstbeobachtung und der Selbstanalyse. Wenn ich in eine Einrichtung gehe und ein Vorgehen beobachte, das mir nicht zum Wohle des Kindes zu sein scheint, filme ich die Situation. Später, in der Teamsitzung, ermutige ich die Erzieherinnen, darüber nachzudenken, wie sie im Video agieren. Ich weise sie besonders darauf hin, sich auf die Reaktionen des Kindes zu konzentrieren. Anschließend ermutige ich alle Mitarbeiterinnen, über ihre Eindrücke zu sprechen, und die verschiedenen Ansichten werden verglichen. Von da an werden wir die neuen Sichtweisen, die sich ergeben haben, sorgfältig ausarbeiten. Auf diese Weise arbeiten wir zusammen und lösen auch die Probleme miteinander" (Smith 1998: 205; Übersetzung d. Verf.).

Im selben Interview führt Ivana Soncini ein konkretes Beispiel zu der soeben beschriebenen Vorgehensweise an. Während ihres Aufenthalts in einer der kommunalen Einrichtungen beobachtete sie die Situation eines Jungen mit besonderen Rechten, der aufgrund der räumlichen Gestaltung der Aktivitäten nicht mit anderen Kindern in Kontakt treten konnte. Sie erläutert: „Zum Beispiel gab es in einem Fall ein Kind, das nicht mobil war und zu viel Zeit im Sitzen an einem Tisch zu verbringen schien. Nachdem die Erzieherinnen mein Videoband gesehen hatten, erkannten sie, dass diese Situation für das Kind isolierend wirkte. Sie überlegten sich Vorgehensweisen, durch die man die Aktivitäten auf den Fußboden verlegen konnte, wo das Kind und seine Gleichaltrigengruppe mehr miteinander in Kontakt treten konnten. In solchen Fällen nehmen sich die Erzieherinnen viel Zeit, um herauszufinden, welche Aktivitäten das Kind interessieren. Somit können sie die Gruppenarbeit und die Projekte auf Dingen aufbauen, welche die Erfahrungen und die Fähigkeiten des Kindes hervorheben" (ebd., Übersetzung d. Verf.).

Die Dokumentation ermöglicht somit den am Erziehungs- und Bildungsprozess Beteiligten, in diesem Falle den Erzieherinnen, einen Blick aus einer anderen Perspektive auf ihre alltäglichen Handlungen zu werfen, so dass sie diese mit einem gewissen Abstand besser reflektieren und diskutieren können. Im obigen Zitat steht zusätzlich die für alle Kinder mit besonderen Rechten zuständige psychologische Pedagogista zur Verfügung, welche gezielt die zu diskutierende Situation dokumentiert. Eine Person wie die der psychologischen Pedagogista empfiehlt auch der *Index für Inklusion*, wo sie ihre Entsprechung in der Bezeichnung „kritischer Freund" findet. Tony Booth und andere führen dazu aus: „Index-Teams fanden es oft hilfreich, einen ‚kritischen Freund' einzubeziehen. Dieser sollte jemand von außerhalb der Einrichtung sein, der sie einigermaßen gut kennt. Er wirkt unterstützend, aber auch kritisch und verpflichtet sich, den Prozess bis zum Abschluss zu begleiten. Er muss das Vertrauen der Gruppe und aller anderen in der Einrichtung genießen und die Vertraulichkeit der Diskussionen, in die sie/er einbezogen wird, respektieren" (Booth u.a. 2006: 34).

Die bisherigen Ausführungen konnten zeigen, dass die Dokumentation in den kommunalen Kindertageseinrichtungen in Reggio Emilia einen großen Beitrag zur Inklusion von Kindern mit besonderen Rechten leistet. Anstelle punktueller Testverfahren wird der Erziehungs- und Bildungsprozess eines jeden Kindes kontinuierlich mithilfe verschiedenster Medien dokumentiert. Durch dieses aktive Zuhören und Beobachten seitens der Erzieherin wird ein großes Wissen über den Entwicklungsprozess des Kindes festgehalten, so dass Erzieherinnen, Eltern, Kinder und Bürger über die Dokumentation in einen Gewinn bringenden Dialog eintreten können. Durch die Möglichkeit der Partizipation aller am Erziehungs- und Bildungsprozess beteiligten Personen tragen verschiedenste Sichtweisen und Interpretationen dazu bei, die hundert Sprachen der Kinder sichtbar zu machen und zu entschlüsseln. Dadurch können für sämtliche Kinder Wissens- und Kompetenzleihgaben erkannt und zur Verfügung gestellt werden. Das angeführte Beispiel der psychologischen Pedagogista konnte zeigen, dass alltägliche Abläufe oftmals nur durch ein aktives Zuhören mit gleichzeitig stattfindender Dokumentation richtig wahrgenommen und interpretiert werden können. Ohne die Videodokumentation hätten die Erzieherinnen die Situation des isolierten Kindes nicht erkannt und folglich auch nicht verbessern können. Es zeigt sich, dass durch die Dokumentation nicht nur eine Evaluation der Lern- und Entwicklungsprozesse des einzelnen Kindes ermöglicht wird, sondern auch gleichzeitig eine Selbstevaluation der Erzieherinnen erfolgen kann.

Das folgende Zitat von Carlina Rinaldi fasst die vorangegangenen Ausführungen zusammen: „Anstelle eines formalisierten Unterrichts in Form eines vorbestimmten Curriculums (schreiben, lesen, zählen usw.) und einer Evaluation durch mehrere Testverfahren dokumentieren sowohl Erzieherinnen als auch Kinder ihre täglichen Aktivitäten und ihr Lernen mithilfe eines symbolischen Systems, in dem sie sich wohl fühlen. Innerhalb dieses Forschungsprozesses spielt die Dokumentation (Fotos, Videos, Notizen, Tonbandaufnahmen usw.) eine grundlegende Rolle: Sie vereinfacht die Reflexion und die Selbstreflexion hinsichtlich des Lernprozesses von Kindern und Erzieherinnen und der beruflichen Entwicklung der Erzieherinnen. Dieser Prozess wird durch den Austausch und den Dialog mit den Eltern und dem sozialen Umfeld bereichert. Vielleicht, und das ist womöglich am wichtigsten, arbeiten Erzieherinnen, Eltern und Kinder jeden Tag zusammen, um die Gemeinschaft herzustellen, in der sie leben möchten" (Rinaldi/Dahlberg/Moss 2006c: 206, Übersetzung d. Verf.).

4.3.3 Die tägliche Strategie

Im folgenden Abschnitt wird auf die tägliche Strategie von Beobachtung, Interpretation und Dokumentation in den kommunalen Krippen und Kindertageseinrichtungen in Reggio Emilia eingegangen. Diese Strategie wird von den Reggianern als „progettazione" bezeichnet, was dem Begriff der Planung entspricht. Carlina Rinaldi erklärt: „‚Progettazione' ist eine Strategie, eine tägliche Praxis von Beobachtung – Interpretation – Dokumentation" (ebd., Übersetzung d. Verf.).
Im Gegensatz zu einem festgelegten Curriculum beruht die pädagogische Praxis in den Einrichtungen auf einem fortwährenden Prozess des Beobachtens, Interpretierens und Dokumentierens. Das bedeutet, dass die Erzieherin dem Kind mit all ihren Sinnen zunächst zuhört und es beobachtet. Im nächsten Schritt setzt der Prozess der Interpretation ein, d.h. die Erzieherin ordnet die wahrgenommenen Äußerungen der Kinder in Form der hundert Sprachen in den Kontext ein und dokumentiert die beobachteten Geschehnisse. Somit weicht die tägliche Planungsstrategie von einem bereits festgelegten Curriculum deutlich ab. Partiell wird der Begriff des so genannten „kontextuellen Curriculums" von den Reggianern als Synonym für die tägliche Planungsstrategie verwendet. Da mit dem Begriff des Curriculums ein festgelegter Inhalt verbunden wird, betont Carlina Rinaldi: „Wenn ich von einem ‚kontextbezogenen Curriculum' spreche, versuche ich wirklich das Konzept ‚Progettazione' zu erklären" (ebd., Übersetzung d. Verf.).
Im Nachfolgenden wird der Frage nachgegangen, welchen Beitrag die tägliche Strategie von Beobachtung, Interpretation und Dokumentation im Hinblick auf die Inklusion von Kindern mit besonderen Rechten leistet.

4.3.3.1 Projektplanung kontra Lehrplan

Die tägliche Strategie von Beobachtung, Interpretation und Dokumentation in den kommunalen Kindertageseinrichtungen hat ihren Ursprung im reggianischen Bild vom Kind. Ausgangspunkt ist somit das von Geburt an mit Kompetenzen und Potenzialen ausgestattete Kind, das in der Lage ist, sich seiner metaphorisch verstandenen hundert Sprachen als Kommunikationsmöglichkeiten und Lernstrategien zu bedienen, ein Kind, das wissbegierig seine Umwelt erforscht und seine Theorien mit anderen Kindern und Erwachsenen austauschen, vertiefen und erweitern möchte. In einem Interview führt Carlina Rinaldi dazu näher aus: „Unsere Interpretation des Curriculumkonzepts geht von der Annahme aus, dass Kinder erstaunlich viele Sprachen beherrschen und richtigerweise vermuten, dass andere Personen ihre eigenen Überzeugungen und Theorien teilen können. Bereits während der ersten Lebensjahre entwickeln sie starke Theorien über die physikalische, biologische und soziale Welt, Theorien, die als Interpretationen verstanden werden können, durch welche die Kinder der sie umgebenden Welt Bedeutung geben. Diese Theorien werden durch den Dialog mit anderen bereichert und herausgefordert. Vor allem gewinnen Kinder ein Bewusstsein für ihre Fähigkeit, zu denken, eine Meinung zu haben und ‚Theorien‘ zu entwickeln (d.h. zu denken und die Realität zu interpretieren), und für die Wichtigkeit des Dialogs mit anderen, um ihr eigenes Wissen und ihre eigene Identität aufzubauen" (a.a.O.: 205, Übersetzung d. Verf.).

Das Zitat verdeutlicht, dass die Pädagoginnen und Pädagogen in Reggio Emilia bei der Planung der alltäglichen Praxis in den Kindertageseinrichtungen fortwährend von den Fähigkeiten und Potenzialen der Kinder ausgehen, die es durch entsprechende Rahmenbedingungen zu unterstützen gilt. Eine zentrale Rolle spielt hierbei der Dialog mit anderen Kindern und Erwachsenen, der als Hauptmedium zum Wissens- und Identitätsaufbau angesehen wird.

Die Ausgestaltung der Aktivitäten beginnt somit bei den Bedürfnissen und Fähigkeiten der Kinder. In einem Interview bekräftigt Loris Malaguzzi diese Vorgehensweise und führt aus: „(...) denn ich habe mich von den Kindern leiten lassen. Es waren die Kinder, die mich lehrten, was ich unterrichten sollte, und dies war schließlich auch die Richtung, die ich einschlug. Ein Weg, den ich viele Jahre gegangen und von dem ich niemals abgewichen bin. Heute, nach all dieser Zeit, ist die Rolle der

Kinder als Führer, als stimulierende Kraft, sind die Kinder als zentrale Figuren oder als Partner in der pädagogischen Erfahrung Werte, auf die wir vollkommen vertrauen. (...) Es gab eine Art des Unterrichtens, einen Weg, den wir finden mussten, wenn wir Glück hatten, die verschiedenen Elemente, die verschiedenen Bedürfnisse, verschiedenen Wünsche zu befriedigen, indem wir unsere Fähigkeit zu reden einsetzten, aber mehr noch unsere Fähigkeit, zuzuhören; zu verstehen, bevor die Worte ausgesprochen wurden, zu welcher Situation sie führen würden" (Malaguzzi 2004: 11).

An dieser Stelle zeigt sich erneut der zentrale Rang des Zuhörens und des Beobachtens in der Reggio-Pädagogik. Loris Malaguzzi unterstreicht die Bedeutung dieser Fähigkeit der Erzieherin für die pädagogische Praxis in den Kindertageseinrichtungen. Wie bereits ausgeführt, kann jedes Kind auf diese Weise seinen Wünschen Gehör verschaffen und sein Recht auf aktive Beteiligung an der Ausbildung seiner Identität, seiner Autonomie und seiner Kompetenz wahrnehmen (vgl. Malaguzzi 1998e: 63).

In Reggio Emilia gibt es folglich kein festgelegtes Curriculum, weil die pädagogische Praxis von den individuellen Bedürfnissen des Kindes ausgeht. Ein Auszug aus einem Interview zwischen Lella Gandini und Loris Malaguzzi belegt diese Vorgehensweise. Die Frage, ob es in den reggianischen Einrichtungen ein bereits festgelegtes Curriculum gebe, beantwortet Loris Malaguzzi folgendermaßen: „Nein, unsere Kindertageseinrichtungen hatten weder ein vorbereitetes Curriculum mit Abschnitten und Unterabschnitten (Stundenpläne), noch werden sie eines haben, wie die Behavioristen es möchten. Diese würden unsere Kindertageseinrichtungen in eine Richtung drängen, in der nur noch gelehrt wird, ohne dass dabei etwas zu lernen wäre. Wir würden die Kindertageseinrichtungen und die Kinder demütigen, wenn wir sie Vordrucken und Handbüchern anvertrauten, die großzügig von Verlegern vertrieben werden" (Malaguzzi 1998a: 87f., Übersetzung d. Verf.).

Anstelle eines festgelegten Curriculums, so Loris Malaguzzi weiter, skizziere jede Einrichtung jedes Jahr eine Reihe kontextbezogener Projekte, von denen einige von kurzer und einige von längerer Dauer seien. Diese Projektthemen stellten die grundlegende Struktur dar, „aber dann liegt es an den Kindern, am Verlauf der Ereignisse und an den Erzieherinnen, darüber zu entscheiden, ob das Gebäude eine Hütte auf Stelzen oder ein Apartmenthaus oder was auch immer wird. (...) Die Erzieherinnen folgen den Kindern, nicht irgendwelchen Plänen. Die Ziele sind wichtig und werden nicht aus den Augen gelassen, aber noch wichtiger ist es, warum und wie man sie erreicht" (a.a.O.: 88, Übersetzung d. Verf.).

Es wird deutlich, dass die Erzieherinnen in Reggio Emilia kein festgelegtes Wissen auf die Kinder übertragen möchten, sondern auf dem Bild vom kompetenten Kind aufbauend die Selbstlernpotenziale der Kinder unterstützen. Die Reggio-Pädagogik zielt darauf ab, die Kinder beim Lernenlernen zu unterstützen. Im Vordergrund des Lernprozesses steht das Warum und die Frage, wie man ein Ziel erreicht hat.

Die aktive Teilhabe der Kinder wird in der pädagogischen Praxis auch durch das Spiel des *Was tun?* ermöglicht. Das Spiel stellt eine Art Kinderparlament dar und findet im Laufe des Jahres mehrmals statt, und zwar immer dann, wenn Kinder und Erwachsene das Gefühl haben, ihre zukünftigen Aktivitäten, die häufig, aber nicht ausschließlich in Form von Projekten stattfinden, neu planen zu müssen. Planen bedeutet in diesem Zusammenhang nicht, dass bereits alle Schritte unflexibel festgelegt werden, sondern es geht vielmehr um das demokratische Aushandeln übergeordneter Projektthemen. Hierfür versammeln sich alle Kinder und Erwachsene, und es können von jedem Teilnehmer Vorschläge gemacht werden (vgl. Malaguzzi 1998c: 14ff.). Die Projektangebote entwickeln sich immer aus dem Erfahrungskontext der Kinder, was auch mit den Intentionen des *Indexes für Inklusion* kompatibel ist. Hier heißt es: „Er fördert die aktive Einbeziehung von Kindern und Jugendlichen bei ihrem selbstgesteuerten Lernen und Spiel, wobei er auf ihren häuslichen Erfahrungen und Kenntnissen aufbaut" (Booth u.a. 2006: 10). Der Index empfiehlt, „das Wissen und die Ideen von Kindern und Jugendlichen" zu erkunden, um sie in die Gestaltung der Aktivitäten einzubeziehen. Tony Booth und andere stellen fest: „Es ist wichtig zu versuchen, die Einrichtung vom Standpunkt der Kinder aus zu sehen und daran interessiert zu sein, sie genau zu beobachten und ihnen zuzuhören" (a.a.O.: 48).

Carlina Rinaldi führt in diesem Zusammenhang für die Reggio-Pädagogik näher aus: „Ein solches Curriculum kann in dem Sinne als ‚kontextbezogen' definiert werden, wie es durch den Dialog zwischen Kindern, Erzieherinnen und dem sie umgebenden Raum bestimmt wird. Es kann aus einem Vorschlag von einem oder mehreren Kindern oder Erzieherinnen hervorgehen, von einem natürlichen Ereignis oder von etwas, was in den Nachrichten entdeckt wurde" (Rinaldi/Dahlberg/Moss 2006c: 205, Übersetzung d. Verf.). Durch die Beteiligung an der Auswahl der Aktivitäten, so Loris Malaguzzi, finden diese bei den teilnehmenden Kindern großen Anklang: „Die Wahl der Projektinhalte wird fast immer durch Ereignisse, Gespräche und Interessen angeregt, die, da sie aus der eigenen Erfahrung der Kinder entstanden sind, eine gute Akzeptanz und vor allem große Motivationen und Bereitschaft sichern" (Malaguzzi 1998c: 14). Bei dieser Vorgehensweise wird kein Kind aufgrund unterschiedlicher Erfahrungshintergründe ausgeschlossen, weil die Projektthemen auf den Erfahrungen der Kinder beruhen.

Das in der Kindertageseinrichtung *La Villetta* durchgeführte Projekt *Springbrunnen* veranschaulicht die soeben gemachten Ausführungen. Auch hier hatte die Initiative zum Projekt ihren Ursprung bei den Kindern. Das übergeordnete Projektthema wurde durch den nachstehenden Vorschlag der kleinen Simone gemacht: „Hey, Kinder, und wenn wir einen Vergnügungspark für die Vögel machen würden?" (Reggio Children 1998b: 25). In dem darauf folgenden Dialog während des Planungsspiels des *Was tun?* entwickelten sich vielfältige Ideen. Kinder und Erwachsene diskutierten gemeinsam über die Realisierbarkeit der Vorschläge. Ziel war es, „daß alle zusammen eine besondere Idee finden, auf die die Arbeit hingesteuert wird. (...) Jedes Kind kann seine Idee äußern; dann muß man sehen, wie sie von den Kameraden aufgenommen wird" (vgl. Malaguzzi 1998d: 10).

Der Wunsch der Kinder nach einem kleinen See für die Vögel entstand aus ihren eigenen Erlebnissen und Interessen. Im Garten ihrer Kindertageseinrichtung gehörten die Vögel zu ihrem unmittelbaren Erfahrungsraum, weil sie die Tiere während des heißen Sommers in den Bäumen ihres Gartens beobachten konnten (vgl. a.a.O.: 10ff.). Diese Beobachtungen lieferten den Impuls zur Idee, die verschiedensten Vergnügungsmöglichkeiten für die Vögel in Verbindung mit dem Medium Wasser zu entwickeln. Das Projekt dauerte vier Monate lang, und es nahmen in unterschiedlichen Phasen Kinder im Alter von drei bis fünf Jahren daran teil. Während des Projekts drückten sich die einzelnen Kinder mithilfe ihrer hundert Sprachen auf vielfältigste Art und Weise aus. Zahlreiche Entwürfe entstanden aus unterschiedlichen Materialien wie beispielsweise Ton oder auf Papier gemalt. Viele der Konzepte der Kinder wurden schließlich mit deren Hilfe sowie unter Beteiligung der Erzieherinnen und der Eltern im Garten realisiert, so dass die Ideen zum Vergnügungspark für Vögel auf kreative Art und Weise verwirklicht wurden.

Vorschläge für Projektthemen und andere Aktivitäten können aber auch von den Erzieherinnen gemacht werden. Aufgrund ihrer Fähigkeit des aktiven Zuhörens und Beobachtens mit all ihren Sinnen erkennen sie die vorhandenen Forschungsinteressen der Kinder. Durch das anschließende Aufgreifen der beobachteten Themen werden die Kinder ebenfalls an der Gestaltung ihrer Aktivitäten beteiligt. Zur Verdeutlichung der gemachten Ausführungen wird an dieser Stelle exemplarisch das *Dinosaurier-Projekt* aus der Kindertageseinrichtung *Anna Frank* aus dem Jahr 1990 angeführt. Ausschlaggebender Impuls für die Wahl des übergeordneten Themas waren Beobachtungen, welche die Erzieherinnen über einen längeren Zeitraum durchführten. Während dieser Phase ständigen Zuhörens und Beobachtens fiel den Erzieherinnen immer wieder auf, dass viele Kinder ihre Spieldinosaurier von zu Hause mitbrachten. Aus diesem beobachteten Interesse der Kinder entstand in der Folge ein Projekt über diese Tiere. Der Impuls zu diesem Projekt ging zwar von den Erzieherinnen aus, aber bereits in der Entstehungszeit orientierten diese sich an den Lerninteressen der Kinder und ließen sie aktiv am Planungsprozess teilhaben. Die am Projekt teilnehmende Beobachterin Baji Rankin erläutert: „Anstatt nur auf die Fragen zu reagieren, von denen Erwachsene denken, dass Kinder sie interessant finden, wurden die Kinder von Beginn an in die Entwicklung von Forschungsfragen einbezogen" (Rankin 1998: 219, Übersetzung d. Verf.).

Die Aktivitäten in den kommunalen Krippen und Kindertageseinrichtungen in Reggio Emilia zielen darauf ab, alle Kinder einzubeziehen. Eine Vielfalt von Angeboten und Auswahlmöglichkeiten innerhalb und außerhalb der Projektarbeit ermöglicht es den Kindern, eine ihren Interessen entsprechende Aktivität zu finden. In einem Interview mit Lella Gandini führt Loris Malaguzzi zur Rolle der Erzieherinnen in diesem Kontext aus: „Sie müssen wissen, dass die Aktivitäten so zahlreich wie die Tasten eines Klaviers sein sollten und dass alle Aktivitäten unendlich viele weitere anregende Handlungen nach sich ziehen, wenn Kindern eine große Auswahl von Möglichkeiten geboten wird" (Malaguzzi 1998a: 73, Übersetzung d. Verf.).

Im Rahmen eines Interviews zum Thema Kinder mit besonderen Rechten in den Krippen und Kindertageseinrichtungen in Reggio Emilia bekräftigt Tiziana Filippini, Erzieherin in der Kindertageseinrichtung *Diana*, die gemachten Ausführungen: „Erzieherinnen müssen eine ausgesprochen phantasievolle Planungsarbeit leisten. Wenn man wirklich interessante und spannende Aktivitäten plant, wollen die anderen Kinder auch teilnehmen. Jeder kann an den Projekten teilnehmen. Es gibt immer etwas zu tun, was auf dem Stand des Kindes ist und Bedeutung für das Kind hat. Meine Tochter ist jetzt in der Grundschule, aber sie spricht immer noch von den spannenden Projekten, an denen sie in der Kindertageseinrichtung Diana teilgenommen hat und die alle Kinder verschiedenen Niveaus einbezogen haben" (Smith 1998: 208, Übersetzung d. Verf.).

Es zeigt sich, dass durch eine gute Planungsarbeit, die auf der täglichen Strategie von Beobachtung, Interpretation und Dokumentation beruht, alle Kinder an den Aktivitäten teilnehmen können. Ausgangspunkt sind die individuellen Interessen der einzelnen Kinder. Diese Vorgehensweise findet ihr Äquivalent auch im *Index für Inklusion*, der den Kindertageseinrichtungen einen Weg aufzeigt, ihre Aktivitäten nach inklusiven Maßstäben zu gestalten und alle Kinder einzubeziehen (vgl. Booth u.a. 2006: 104ff.).

4.3.3.2 Lernen als Gruppenaktivität

Für die pädagogische Praxis in den kommunalen Kindertageseinrichtungen in Reggio Emilia sind die Interaktionen zwischen den Kindern sehr bedeutsam. Der Austausch zwischen ihnen wird zum einen für den Lern- und Entwicklungsprozess und zum anderen für das Gemeinschaftsgefühl als außerordentlich wichtig erachtet. In der Projektdokumentation *Die Kinder vom Stummfilm* stellt Loris Malaguzzi dazu fest: „In den Interaktionen zwischen Kindern wird spielerisch soziales, kommunikatives und kognitives Verhalten erlernt. Unterschiedliche Inhalte und Formen der interaktiven Prozesse führen zu unterschiedlichen Entwicklungsergebnissen, Abwandlungen und Zuordnungen von Gesichtspunkten. Sie führen zu Resultaten, die isoliert arbeitende Kinder nicht erreichen. Jede Interaktion kann daher unterschiedliche Reaktionen hervorrufen, die Beziehungen untereinander können verfestigt werden, die Fähigkeit des Zuhörens und Antwortens, der mimische und sprachliche Ausdruck kann entwickelt werden, die Kinder können die Gleichaltrigen entdecken und die Erfahrung machen, dass sie unterschiedlich oder gleich in ihren Ideen und Vermutungen, ihrer Neugier und ihren symbolischen Aneignungen sind. Erfahrungen werden also gemacht, die nur gut sein können und dem Erwachsenen zudem eine breite Lern- und Interpretationsfläche bieten" (Malaguzzi 1998b: 14).

Die Reggianer gehen somit davon aus, dass Kinder durch die interaktiven Erfahrungen in der Gruppe Lern- und Entwicklungsergebnisse erzielen, die isoliert arbeitende Kinder nicht erreichen.

In einem bereits erwähnten Interview mit Gunilla Dahlberg und Peter Moss unterstreicht Carlina Rinaldi diese grundlegenden Ausführungen zur Bedeutsamkeit der interaktiven Prozesse zwischen den Kindern und hebt ebenso wie Loris Malaguzzi die Relevanz von Gruppenaktivitäten für den Lernprozess des Kindes hervor. Sie führt aus: „Es sollte sichergestellt sein, dass das Lernen nicht nur als eine individuelle Aktivität angesehen wird, die in Form eines einzelnen Tests dokumentiert werden kann, sondern vielmehr als eine Gruppenaktivität. Zum Beispiel wollen Kinder, die zusammen in der Schule aufwachsen, die Meinung ihrer Freunde erfahren, und regen diese dadurch an, ihre eigenen Standpunkte zu vertreten. Sie empfinden die Gedanken der anderen als einen vollständigen Teil ihres eigenen Denkens, und sie suchen nach ihnen; es wirkt, als fühle ihr Geist sich unbehaglich, wenn er keine Möglichkeit hat, sich anderen mitzuteilen. Kinder wollen jeden einbeziehen und lernen schon bald, wie sie dies mit unterschiedlich angewandten Strategien tun können. Kinder, die noch nicht italienisch sprechen, und Kinder mit Beeinträchtigungen sind angenehm und bedeutungsvoll in die Aktivitäten integriert. Wenn man andere als Teil seiner eigenen Identität betrachtet, werden deren unterschiedliche, manchmal abweichende Theorien und Meinungen als Ressource angesehen. Das Bewusstsein des Wertes dieser Differenzen und des Dialogs zwischen diesen wächst. Die ‚hundert Sprachen' sind sowohl hilfreich für das Verständnis als auch dafür, verstanden zu werden" (Rinaldi/Dahlberg/Moss 2006c: 206, Übersetzung d. Verf.).

An dieser Stelle fließen mehrere inhaltliche Einzelabschnitte des vorliegenden Buches zusammen. Zunächst wird deutlich, dass jedes Kind den Austausch mit anderen für seinen eigenen Lernprozess benötigt. Es sucht und braucht das Gegenüber, um seine eigenen Ideen mit anderen auszutauschen und weiterzuentwickeln. Gleiches trifft für die Ausbildung seiner Identität zu. Es zeigt sich, dass die Reggio-Pädagogik Unterschiede zwischen den Kindern nicht nur begrüßt und wertschätzt, sondern diese auch als unentbehrlich für die Entwicklung des einzelnen Kindes betrachtet. Diese Haltung ist auch im *Index für Inklusion* als Indikator für eine inklusive Einrichtung enthalten. Ein Indikator im Unterabschnitt „Ressourcen mobilisieren" der Dimension C, „Eine inklusive Praxis entwickeln", lautet wie folgt: „Die Unterschiede zwischen den Kindern werden als Ressourcen für die Förderung von Spiel, Lernen und Partizipation genutzt" (Booth u.a. 2006: 74).

Carlina Rinaldi stellt fest, dass Kinder jeden einbeziehen wollen, so dass auch Kinder, die noch nicht italienisch sprechen, und Kinder mit Beeinträchtigungen sehr gut mit anderen Kindern interagieren. An dieser Stelle zeigt sich die Bedeutsamkeit der hundert Sprachen. Durch die vielfältigen Kommunikations- und Ausdrucksweisen sind die Kinder trotz ihrer Unterschiedlichkeit in der Lage, miteinander zu kommunizieren. Die kontextbezogene Projektarbeit in Reggio Emilia bietet allen Kindern die Möglichkeit, ihre individuelle Entwicklung innerhalb einer Gemeinschaft zu entfalten. Es handelt sich um ein Erziehungsprojekt, das einen „entscheidenden Wert auf den sozialen Austausch zwischen Mädchen und Jungen (außerdem zwischen Kindern und Erwachsenen und Erwachsenen untereinander) legt sowie für eine kreative Entwicklung logischer, kooperativer, expressiver, phantastischer und symbolischer Ausdrucksweisen eintritt" (vgl. Malaguzzi 1998c: 16).
Die Entwicklung dieser vielfältigen Sprachen und der jeweils individuellen Potenziale der Kinder wird somit durch die Ausgestaltung der Lernsituationen ermöglicht. Die Reggio-Pädagogik unterstützt dadurch die Besonderheit eines jeden Kindes und schließt alle Kinder ein. Ein Auszug aus dem veröffentlichten Vortrag von Carlina Rinaldi auf der Konferenz *Crossing boundaries* im Jahr 2004 unterstreicht die vorangegangenen Ausführungen: „Jedes Individuum drückt in der Tat ein einzigartiges kulturelles Potenzial aus, das die Schulen und die Bildungseinrichtungen einerseits erkennen und beschützen müssen; andererseits können sie das nur tun, indem sie einen Kontext für Interaktion und Austausch zwischen diesen unterschiedlichen Einzigartigkeiten schaffen. Einzigartigkeit wird nur durch den Austausch genährt und zeigt sich auch nur

durch diesen. Auf diese Weise erkennen wir, dass Schulen den Charakter einer Agora (Versammlungsplatz) übernehmen, wo eine Vielzahl von Meinungen und Standpunkten Aufklärung garantiert und wo die ‚pädagogische Praxis' bedeutet, dass sie Orte zur Entwicklung von Kultur sein können, nicht nur einer kulturellen Entwicklung einer Kindheitskultur, sondern vor allem einer Kultur, die durch die Kindheit erzeugt wird" (Rinaldi 2006e: 104, Übersetzung d. Verf.).

Innerhalb der Krippen und der Kindertageseinrichtungen wird der im vorangegangenen Zitat begrüßte Austausch unter den jeweils einzigartigen Kindern durch verschiedene konkrete Aspekte gefördert. Carlina Rinaldi erläutert: „In Reggio haben wir eine Organisation, die es uns erlaubt, die Unterschiede zwischen uns und anderen in Frage zu stellen und die Unterschiede zu unterstützen, eine Anordnung des Raumes und eine Arbeitsorganisation in Gruppen. Ich betone nochmals, dass der Dialog ein wesentlicher Weg zur Konfrontation und zur Diskussion von Unterschieden ist" (Rinaldi/Dahlberg/Moss 2006c: 189, Übersetzung d. Verf.).

In Reggio Emilia erfolgt die Gestaltung der pädagogischen Praxis als Gruppenaktivität mit dem Ziel, die Ausbildung und das Ausleben von Gefühlen zu unterstützen. Carlina Rinaldi ist der Ansicht, dass Erziehung auch das gemeinsame Erleben von Empfindungen umfassen müsse, und betont: „Erziehung bedeutet, passioniert zusammen zu sein, gemeinsam Gefühle zu erleben, gemeinsam Emotionen zu haben" (a.a.O.: 204, Übersetzung d. Verf.). Vea Vecchi bekräftigt diese Forderungen und stellt in ihrem Artikel *Die verschiedenen Quellen des Wissens* fest, „dass Gefühle integraler Teil des Lernens und des erzieherischen Prozesses sind" (vgl. Vecchi 2004: 19). Auch in Bezug auf Kinder mit besonderen Rechten spielt die Fähigkeit des Ausdrucks von Gefühlen eine große Rolle. Die psychologische Pedagogista Ivana Soncini führt dazu aus: „Wir achten sehr auf die Gefühle aller Kinder. Vor allem bei Kindern mit besonderen Rechten müssen wir ihren Gefühlen vertrauen und auf die Möglichkeiten achten, wie sie sich selbst ausdrücken können. Manchmal konzentrieren sich Personen so sehr auf die kognitiven Fähigkeiten, dass sie die Gefühle der Kinder vergessen. Gefühle sind für jeden wichtig, und Freundlichkeit und Empfindsamkeit gegenüber anderen sollten bei allen Kindern unterstützt werden" (Smith 1998: 208, Übersetzung d. Verf.).

Das Zusammenleben in der Gruppe zielt darauf ab, dass die Kinder bereits früh „die Werte von Kooperation und Gruppenarbeit" sowie „Solidarität in den Beziehungen und den Dialog mit Gleichaltrigen und Erwachsenen" kennen lernen (Comune di Reggio Emilia zitiert nach Dreier 2006: 204). Auch der *Index für Inklusion* unterstreicht die Wichtigkeit einer Gemeinschaft, die auf gemeinsamen Werten beruht. Sowohl in Kindertageseinrichtungen als auch in den daran anschließenden Schulen sollte das Augenmerk auf das Miteinander unter Kindern und Erwachsenen gerichtet werden, damit die Bedingungen für den Erziehungs- und Bildungsprozess tiefgreifend verbessert werden können. Tony Booth und andere stellen dazu im Index fest: „Der Aufbau von Gemeinschaften mit gemeinsamen Werten und die sorgfältige Aufmerksamkeit für die Bedingungen von Lehren und Lernen sind für langfristige, nachhaltige Verbesserungen in Bildungs- und Erziehungseinrichtungen der frühen Kindheit ebenso wichtig wie in Schulen" (Booth u.a. 2006: 11).

4.3.3.3 Lernprozess kontra Endprodukt

Ein weiterer Indikator nach dem *Index für Inklusion* lässt sich in der Hervorhebung des Lernprozesses gegenüber der Evaluation des Endprodukts ausmachen. Die englischen Pädagoginnen und Pädagogen Tony Booth, Mel Ainscow und Denise Kingston beabsichtigen mit der „Betonung des Spiels als wichtigem Entwicklungsfaktor in dieser Version des *Index* ein Gegengewicht zu der Zunahme von Evaluation und der Verwendung von Vorgaben für kleine Kinder" zu bilden (vgl. ebd.).

Auch in der Reggio-Pädagogik wird der Lernprozess an sich gegenüber dem Endprodukt betont. Tiziana Filippini führt in einem Interview zum Thema Kinder mit besonderen Rechten aus: „Wir heben nicht das Endprodukt, sondern die Partizipation am Prozess hervor" (Smith 1998: 208, Übersetzung d. Verf.).

Was ist darunter genau zu verstehen?

In Reggio Emilia liegt das Hauptaugenmerk auf den stattfindenden Interaktionen. Der Bildungsprozess wird als ein Prozess des Dialogs zwischen Kindern und Erwachsenen verstanden (vgl. Rinaldi/Dahlberg/Moss 2006c: 185). Im Verlauf dieses Prozesses erlangt jedes Kind im Austausch mit anderen und durch den Gebrauch seiner hundert Sprachen ein Bewusstsein von seinen Möglichkeiten des Denkens und des Lernens. Die Reggio-Pädagogik zielt darauf ab, dem Kind das Lernenlernen zu ermöglichen, um „dem Kind den Wert und die Erfahrung zu geben, ein Denker zu sein" (vgl. a.a.O.: 191). Carlina Rinaldi führt dazu weiter aus: „Wenn das Curriculum als Weg oder Reise angesehen wird, dann ist es ein Weg oder eine Reise, die unserer Ansicht nach diese Kompetenzen als grundlegende Werte für das Wissen und das Leben stärken sollte. Es sollte die Lernkompetenzen unterstützen, das Lernen, wie man durch das Nachdenken und die Selbstreflexion lernt, durch die ‚hundert Sprachen'" (a.a.O.: 205, Übersetzung d. Verf.).

Das folgende Beispiel aus der Praxis der Kindertageseinrichtung *Diana* verdeutlicht die bisherigen Ausführungen. In dieser Kindertageseinrichtung entstand das Projekt *Schuh und Meter* aus dem Wunsch der Kinder, einen zusätzlichen Tisch für den Gruppenraum zu erwerben. In diesem Raum gab es bereits mehrere Tische, und der neue Tisch sollte exakt die gleichen Maße besitzen wie die alten.

Um dem Schreiner die benötigten Informationen zur Anfertigung des Möbelstücks mitteilen zu können, begaben sich die Kinder auf die Suche nach einer geeigneten Maßeinheit. Zunächst wurde der Tisch mithilfe der Finger vermessen. Der kleine Alan initiierte diesen Prozess mit den folgenden Worten: „Man zählt und misst mit den Fingern, du legst einen Finger an den anderen und zählst mit den Fingern bis fünf und dann bis zehn" (Reggio Children 2002c: 20).

In einem nächsten Schritt fertigten die Kinder eine Skizze des Tisches, denn sie waren der Ansicht, diesen durch die Zeichnung besser erfassen zu können: „Um den Tisch zu verstehen, muss man ihn zuerst zeichnen" (a.a.O.: 21).

Ausgehend von den entstandenen Zeichnungen der Kinder, griffen die Erzieherinnen zum ersten Mal in den Forschungsprozess der Kinder ein. Um eine bessere Perspektive auf den Tisch zu erhalten, wurde dieser aus der gewohnten Umgebung des Gruppenraums herausgenommen.

Danach wurden zusätzlich zu den Fingern weitere Körperteile wie Handflächen, Faust, Unterarm, Bein und Kopf als Maßeinheit von den Kindern benutzt. Im Verlauf des Projekts begannen die Kinder den Tisch mithilfe ihrer unterschiedlich großen Schuhe zu vermessen und zeichneten diese entsprechend oft hintereinander auf ein großes Blatt Papier. Schließlich schlug Tommaso vor: „Und wenn wir uns jetzt ein Meter-

maß suchen würden?" (a.a.O.: 54). Während des weiteren Forschungsprozesses ergründeten die Kinder den Umgang mit den Maßeinheiten,
so dass schließlich die Abschlusszeichnung für den Schreiner angefertigt
werden konnte, die in der Projektdokumentation folgendermaßen be-
schrieben wird: „Wir haben in gewisser Weise eine verschlüsselte Bot-
schaft vor uns liegen, sie ist kurz gefasst – wie es sich für mathemati-
sche Sprachen gehört – und kennzeichnet den Endpunkt einer langen
und vergnüglichen Kette von Ideen, Versuchen, Verhandlungen, Verbesserungen und Entscheidungen. Alle Maße, die der Tischler braucht,
sind vorhanden: Länge, Breite, Höhe und Dicke des Tisches, Beinlänge
und -umfang, der Durchmesser des Sockels" (a.a.O.: 82).

Die vorangegangene Projektbeschreibung verdeutlicht, dass die Reggio-
Pädagogik den Lernprozess des Kindes über das Wissen an sich stellt.
Das Reflektieren über einen möglichen Lösungsweg wird von den
Reggianern für wichtiger erachtet als das fertig gestellte Endprodukt. In
Reggio Emilia repräsentiert der Lernprozess des Kindes, so Carlina
Rinaldi, bereits das gewünschte Endprodukt: „Und in gewisser Hinsicht
ist das die Art und Weise, wie wir den Prozess als ein Ergebnis betrach-
ten, als einen Teil von etwas, was in sich einen Wert hat. Somit arbeiten
wir nicht für ein letztes Ziel, sondern jeder Augenblick sollte genutzt
werden" (Rinaldi/Dahlberg/Moss 2006c: 203, Übersetzung d. Verf.).
Dass jedes Kind diese Bedeutung für seine jeweiligen Momente finden
kann, ist in den kommunalen Krippen und Kindertageseinrichtungen in
Reggio Emilia auch dem Faktor Zeit zu verdanken. Wie oben ausgeführt, steht der Lernprozess des Kindes und nicht das Endprodukt im
Vordergrund. Zur Ermöglichung von Lernprozessen misst die Reggio-
Pädagogik dem Zeitfaktor eine große Bedeutung bei. Carlina Rinaldi
erläutert dazu: „Es gibt zu wenig Gespräche heutzutage über Schule
und Zeit. Für mich ist es wichtig, dass die Schule, wenn sie ein Lebens-
ort ist, auch Lebenszeit erfordert und dass diese Lebenszeit sich zum
Beispiel von der Produktionszeit unterscheidet. Für die Produktion ist
das wichtigste Element das Produkt. Aber wie wir bereits gesagt haben,
ist der Prozess in einer Schule wichtig, der Weg, den wir entwickeln.
Die pädagogische Beziehung benötigt Zeit, sie muss langsam sein, sie
benötigt freie Zeit. (...) In jeder gestaltenden Beziehung ist Zeit für die
Herstellung dieser Beziehung unerlässlich. Somit ist eine Schule, die
formt, eine Schule, die Zeit zur Verfügung stellt – Zeit für Kinder, Zeit

für Lehrer, Zeit für das Zusammensein. Es sollte in allen Schulen und Gruppen die Möglichkeit bestehen, Verbindungen zu knüpfen, aber auch gleichzeitig Unterschiede und Konflikte auszuleben" (a.a.O.: 207, Übersetzung d. Verf.).

Es wird deutlich, dass dem Bildungsprozess in Reggio Emilia ausreichend Zeit eingeräumt wird. Beziehungen unter den Kindern und zwischen den Pädagoginnen können nur entstehen, wenn genügend Zeit zur Verfügung steht. Gleiches gilt für den individuellen Entwicklungsprozess eines jeden Kindes. Zur Unterstützung dieses Entwicklungsprozesses benötigen die Kinder Erwachsene an ihrer Seite, die durch intensives Beobachten, Zuhören, Interpretieren und Dokumentieren die jeweils individuellen Zeiterfordernisse wahrnehmen und diese den Kindern auch zugestehen. In der Projektdokumentation *Zärtlichkeit. Eine Geschichte von Laura und Daniele* schreibt Carlina Rinaldi hierzu: „Zur gleichen Zeit benötigen die Kinder die Erwachsenen (und nicht nur Lehrer), die fähig sind, Gesten, Wörter, Zeichen, Schweigen und Geheimnisse zu sehen, zu hören und zu interpretieren. Erwachsene, die in der Lage sind, zu variieren, sich nicht zu sehr einzumischen, um die Erkenntnis- und Entwicklungsprozesse der Kinder und jedes einzelnen Kindes zu respektieren und zu unterstützen. Denn jeder Erkenntnisprozeß spielt sich in subjektiven Zeitabschnitten ab, in denen sich auch Reifungsprozesse vollziehen, die von dem Kind entsprechend seiner Struktur Anstrengungen, aber auch Ruhepausen verlangen. Dies scheinen mir, abgesehen von den pädagogischen Forderungen, die RECHTE von Laura und Daniele und allen Kindern zu sein" (Rinaldi 1998a: 70).

Die Reggio-Pädagogik orientiert sich somit nicht an allgemeinen Entwicklungsnormen, sondern gibt jedem einzelnen Kind seine individuelle Reifungs- und Entwicklungszeit. Diese Tatsache stellt einen weiteren Aspekt dar, durch den die Reggio-Pädagogik ihren Anspruch auf Inklusion verwirklicht. In einem Interview mit Lella Gandini erklärt Carlina Rinaldi, dass es sich bei der Reggio-Pädagogik um einen Ansatz handelt, der dem Kind ausreichend Zeit für seinen Lernprozess zur Verfügung stellt und die Individualität des einzelnen Kindes wertschätzt: „Es ist ein Ansatz, der die Wichtigkeit des Unerwarteten und des Möglichen berücksichtigt, ein Ansatz, in dem es nicht so etwas wie verschwendete

Zeit gibt, sondern in dem Erzieherinnen wissen, wie sie den Kindern die Zeit geben, die sie benötigen. Es ist ein Ansatz, der Originalität, Subjektivität und Unterschiede schützt, ohne das Individuum dabei zu isolieren, und den Kindern die Möglichkeit bietet, als Teil einer kleinen Gleichaltrigengruppe mit stimulierenden Situationen und Problemen konfrontiert zu werden" (Rinaldi 1998b: 115, Übersetzung d. Verf.).

Das folgende Zitat aus der Veröffentlichung *I bambini disabili* fasst die vorangegangenen Ausführungen zum Abschnitt der täglichen Strategie zusammen: „Das Kind wird ab der Geburt als kompetenter Mensch angesehen, kompetent, in der Beziehung zu anderen selbst zu lernen. Daraus folgt, dass das erzieherisch-pädagogische Projekt sich stützt:
auf die Beziehung/Kommunikation zwischen den Kindern, damit in der Konfrontation der Gemeinschaftssinn, das Lernen, die Entwicklung gefördert werden;
auf den Prozessablauf, der zu Erkenntnis führt und nicht zum bloßen Ergebnis;
auf die Planung und nicht auf den Lehrplan" (Comune di Reggio Emilia 1993: 19, Übersetzung d. Verf.).

Die Ausführungen zeigen, dass die Praxis in den kommunalen Kindertageseinrichtungen auf dem reggianischen Bild vom Kind beruht. Es wird deutlich, dass es in den reggianischen Einrichtungen keinen statischen Lehrplan gibt, der mit bereits festgelegten Lernzielen operiert. Durch die tägliche Strategie von Beobachtung, Interpretation und Dokumentation werden dem kompetenten Kind vielmehr Rahmenbedingungen geschaffen, die ihm eine Entfaltung seiner bereits bei der Geburt vorhandenen Kompetenzen und Fähigkeiten ermöglichen. Aktivitäten und Projekte nehmen ihren Ausgang bei den Kindern, so dass diese sich durch ihre Fähigkeiten als Forscher und als Inhaber der metaphorisch verstandenen hundert Sprachen weiterentwickeln können. Im Kontrast zur Betonung des Endprodukts steht in der Reggio-Pädagogik der Lernprozess innerhalb einer Gruppe Gleichaltriger im Vordergrund. Aufgrund dieser Rahmenbedingungen ist die Reggio-Pädagogik in der Lage, alle Kinder einzubeziehen, auch Kinder mit besonderen Rechten, und verwirklicht dadurch ihren Anspruch auf Inklusion. Der *Index für Inklusion* stützt die vorangegangenen Ausführungen. Die nachfolgende Auswahl von Indikatoren aus der Dimension C, in der es um die Entwicklung einer inklusiven Praxis geht, steht in hohem Maße in Übereinstimmung mit der Praxis der Reggio-Pädagogik: „Bei der Planung der Aktivitäten wird an alle Kinder gedacht. Die Aktivitäten regen alle Kinder zur Kommunikation an. Die Aktivitäten ermutigen alle Kinder zur Teilnahme. Die Aktivitäten wecken das Verständnis für die Unterschiede zwischen Menschen. Die Aktivitäten wirken Vorurteilsbildung entgegen. Die Kinder können ihr Lernen und Spielen aktiv gestalten. Die Kinder kooperieren bei Spiel und Lernen. (...) Die Mitarbeiter/innen planen die Aktivitäten, werten sie aus und beteiligen sich daran partnerschaftlich. Lernassistentinnen fördern Spiel, Lernen und Partizipation aller Kinder. Alle Kinder beteiligen sich an gemeinsamen Aktivitäten" (Booth u.a. 2006: 74).

4.3.4 Der Raum als dritter Erzieher

Nachdem im letzten Abschnitt die Wichtigkeit des Dialogs und der Interaktion sowohl zwischen den Kindern untereinander als auch zwischen den Kindern und den Erwachsenen herausgestellt wurde, geht es nunmehr darum, die räumlichen Rahmenbedingungen eingehender darzustellen, die einen Austausch zwischen den Individuen ermöglichen. In Reggio Emilia leistet der Raum einen erheblichen Beitrag zur Inklusion von Kindern mit besonderen Rechten; er wird deshalb von den Reggianern als *dritter Erzieher* bezeichnet (vgl. Dreier 2004: 135ff.). Was bedeutet das konkret?

Für die Reggianer ermöglicht der Raum als kindliche Umgebung überhaupt erst Interaktionen zwischen allen am Erziehungs- und Bildungsprozess Beteiligten. Zum anderen repräsentieren Ausgestaltung und Beschaffenheit des Raumes eine weitere Sprache, durch welche die individuellen Denk- und Lernprozesse der Kinder angeregt werden. Anette Dreier führt dazu aus: „Zusammen mit den Tätigkeiten der beiden Gruppenerzieherinnen wird die Einrichtung der Räume als wichtiges Element für die Erziehungs- und Bildungsprozesse in den Krippen und Kindergärten angesehen und mit großer Sorgfalt betrieben. So meint das Prinzip des Raumes als dritten Erziehers beispielsweise, dass interessante Materialien die Wahrnehmungs- und Ausdrucksmöglichkeiten der Kinder stärken und transparente räumliche Strukturen den Kindern vielfältige Erkundungen und Lernschritte ermöglichen. Gleichzeitig werden verschiedene Möglichkeiten zum Austausch, zum Spielen und zum gemeinsamen Arbeiten von Kindern und Erwachsenen geboten. Hierzu gehören auch die Ateliers mit ihren interessanten Sinnes-Materialien, die in allen kommunalen Kindereinrichtungen vorhanden sind und in denen Erzieherinnen, Atelierleiterinnen[13] und Kinder zusammen tätig sind" (a.a.O.: 137).

Im Jahr 2004 fand in Reggio Emilia eine internationale Konferenz mit dem Titel *Crossing boundaries* statt. Eines der elf Diskussionsthemen stellte das Recht auf eine den Anforderungen des Kindes entsprechende Umgebung in den Vordergrund (vgl. Municipality of Reggio Emilia u.a. 2006: 56f.). In Reggio Emilia wird sowohl den Kindern als auch den Erzieherinnen und den Eltern ein „Recht auf Räumlichkeit" zugesprochen. Im Katalog zur Ausstellung *Die hundert Sprachen der Kinder* schreibt Loris Malaguzzi dazu: „Die Schule sollte ein Recht auf eine ihr angemessene Räumlichkeit und Architektur, eine ihr entsprechende Begrifflichkeit und Bestimmung von Raum, Form und Funktion haben" (Malaguzzi 2002b: 40).
Einen wichtigen Grund für die Einräumung dieses Rechts sieht Loris Malaguzzi in der Tatsache begründet, dass ein Austausch zwischen den am Erziehungs- und Bildungsprozess Beteiligten sich nur dann ereignen kann, wenn der Raum auch entsprechend ausgestaltet ist. Er schreibt: „Viele Interaktionen können überhaupt nur stattfinden, wenn auch die räumliche Umgebung teilhat. (...) Wir schätzen die animierende Kraft der Räume in Hinsicht auf die in ihnen stattfindenden Beziehungen, auf emotionale und Erkenntnis bringende Situationen, die Wohlbefinden auslösen und Sicherheit geben" (ebd.).

Ein architektonisches Element zur Ermöglichung und zur Unterstützung dieser emotionalen und Erkenntnis bringenden Situationen stellt die Piazza dar. Sie ist dem Wesen nach dem Versammlungsort der italienischen Städte nachempfunden, ein Treffpunkt und Ort des Austausches für Jung und Alt. In vielen Gebäuden, die speziell zur Nutzung als Kindertageseinrichtung entworfen wurden, führt die Eingangshalle zur Piazza, die als ein „Platz der Begegnung, der Freundschaften, Spiele oder anderer Aktivitäten, welche die der Gruppenräume ergänzen", genutzt wird (vgl. Malaguzzi 1998a: 64).

---

[13] Zur Rolle der Atelierleiterin vgl. S. 97.

Die Kindertageseinrichtung *Anna Frank* beispielsweise wurde in den 1960er-Jahren erbaut. Im Hinblick auf die Reggio-Pädagogik als Ansatz mit einer demokratischen Grundhaltung und einer Betonung der gemeinschaftlichen Beziehungen der Menschen untereinander entstand ein Gebäude, dessen Architektur diese Werte widerspiegelt. In der Konzeption werden hierzu einige Charakteristika genannt: „(...) der horizontale Entwurf der Struktur im Gegensatz zu dem typisch vertikalen Modell verweist auf chancengleiche Beziehungen; die Abschaffung von Fluren und die Verwendung der zentralen ‚Piazza' als eines Ortes der Begegnung und des Austausches sowie die großen Fenster und Glaswände, welche die Wichtigkeit des Lichtes und der Transparenz verkörpern" (Scuola comunale dell'infanzia Anna Frank o.J.: 8, Übersetzung d. Verf.). Interaktionen und „chancengleiche Beziehungen" zwischen Kindern und Erwachsenen werden also durch die Gestaltung des Raumes unterstützt.

Wie bereits an anderer Stelle ausgeführt, wird Pädagogik in den kommunalen Krippen und Kindertageseinrichtungen als ein gemeinschaftlicher Erziehungsprozess von Erzieherinnen, Eltern und Kindern verstanden. Diese Kooperation zwischen den drei genannten Systemen spiegelt sich auch in den Konzeptionen der einzelnen Einrichtungen wider. So lässt die Konzeption der Kindertageseinrichtung *Anna Frank* die Kinder über ihre Einrichtung zu Wort kommen: „Es ist eine schöne Kindertageseinrichtung, die aus Ziegelsteinen gebaut wurde. Ich habe auch das Dach gesehen, es ist irgendwie flach, fast wie ein Strich. Es ist irgendwie niedrig, niedriger als die Häuser, und es ist irgendwie flach, aber es hat viele Fenster und Türen. Es ist quadratisch gebaut – in der Mitte gibt es einen großen Raum, der von allen Klassenzimmern umgeben ist" (a.a.O.: 7, Übersetzung d. Verf.).

Auch in der Konzeption der Krippe *Arcobaleno* zeigt sich, dass die architektonische Gestaltung der Kindertageseinrichtungen in Reggio Emilia die Inklusion von Kindern mit Beeinträchtigungen begünstigt. Die konzeptionellen Elemente von Offen- und Verbundenheit, die sich in der „Abwesenheit von Barrieren, Korridoren und trennenden Elementen" äußern (vgl. Nido Arcobaleno o.J.: o.S.), erleichtern allen Kindern die Teilhabe an den Aktivitäten in dieser Krippe.[14]

Gleichzeitig existieren „große Fenster und Glaswände, die eine Sicht auf mehrere Orte zur gleichen Zeit ermöglichen und jeden Ort beständig mit dem Innen und dem Außen verbinden" (ebd.). Auch an anderer Stelle der Konzeption zeigt sich das Selbstverständnis der Einrichtung als eines Ortes des Austausches zwischen den ihn bewohnenden Kindern und Erwachsenen. Die Krippe ist ein Lebensraum, der zu Interaktionen ermutigt und diesen Bedeutung schenkt. Die Interaktionen werden hierbei als die Basis des pädagogischen Systems angesehen: „Interaktionen zwischen Kindern, zwischen Kindern und Erzieherinnen, zwischen dem Personal (...) und zwischen Erzieherinnen, Familien und dem sozialen Kontext (Partizipation)" (ebd.).

Wie der Raum eine Form der Elternpartizipation in der Krippe *Arcobaleno* unterstützt, zeigen die nachfolgenden Ausführungen Caroline Hunters, Mutter des Krippenkindes Sunniva: „Das Sofa im Eingangsbereich, das auch für Erwachsene groß genug war, lud zum Verweilen ein. So konnte man einige Momente des Schultages mit anderen Eltern teilen, sich mit ihnen treffen und mit ihnen sprechen" (Hunter 2005: 39, Übersetzung d. Verf.). Das Zitat verdeutlicht sehr anschaulich, wie der Raum die Interaktionen nicht nur zwischen den Kindern untereinander und zwischen den Erzieherinnen und den Kindern begünstigen kann, sondern auch die von der Reggio-Pädagogik unterstützte Partizipation der Eltern. Mithilfe der besonderen Ausgestaltung des Raumes beabsichtigen die Reggianer, ein angenehmes Umfeld sowohl für die Kinder als auch für die Erwachsenen zu gestalten. Loris Malaguzzi stellt fest: „Unser Ziel, das wir immer verfolgen werden, ist die Schaffung einer angenehmen Umgebung, in der sich Kinder, Familien und Erzieherinnen wohl fühlen" (Malaguzzi 1998a: 63, Übersetzung d. Verf.).

Die vorangegangenen Ausführungen verdeutlichen, dass der in der Reggio-Pädagogik sehr wichtige Dialog und die Interaktion zwischen allen Kindern und Erwachsenen sowohl durch die architektonische Gestaltung als auch durch die Einrichtung des Raumes gefördert beziehungsweise erst ermöglicht werden. Die Piazza als ein Ort der Begegnung

---

[14] Die neuen Kindertageseinrichtungen Reggio Emilias werden barrierefrei errichtet. Aufgrund der Nutzung auch älterer Villen ist eine Barrierefreiheit nicht in allen Einrichtungen gegeben.

und die Abwesenheit trennender Elemente sind nur einige Beispiele für die Inklusion aller Kinder und Erwachsenen durch den Raum.

Neben den genannten Gesichtspunkten ist für den Raum als dritten Erzieher aber noch ein weiterer Aspekt in Bezug auf die Inklusion aller Kinder von Bedeutung.

In Reggio Emilia geht man zum einen von der Annahme aus, dass sich Dialoge und Interaktionen zwischen den Menschen nur ereignen, wenn der Raum entsprechend gestaltet ist. Zum anderen gilt der Raum an sich auch als Kommunikationspartner der Kinder, der ihre individuellen Denk- und Lernprozesse anregt.

Was hiermit genau gemeint ist, erläutert Carlina Rinaldi (2006b) näher in ihrem Artikel *The space of childhood*. Hierin wird deutlich, dass der physische Raum einschließlich der in ihm enthaltenen Gegenstände als aktiver Gesprächspartner des Kindes gilt. Die Umgebung wird als Sprache angesehen, die aufgrund der individuellen Erfahrungen der Kinder von diesen jeweils unterschiedlich entschlüsselt wird. Carlina Rinaldi schreibt: „Der physische Raum kann als Sprache definiert werden, die genauen kulturellen Konzepten folgt und tiefe biologische Wurzeln hat" (Rinaldi 2006b: 82, Übersetzung d. Verf.).

Sie stellt fest, dass die Wahrnehmung des Raumes durch eine Vielzahl von Sinneszellen erfolgt: „Das ‚Lesen' der Sprache des Raumes erfolgt multisensorisch und bezieht sowohl die mittelbaren Rezeptoren wie Augen, Ohren und Nase als auch die unmittelbaren Rezeptoren wie die Haut, die Membranen und die Muskeln ein" (ebd., Übersetzung d. Verf.). Wie bereits ausgeführt, besitzt jedes Kind seine individuelle Vorliebe im Gebrauch der metaphorisch verstandenen hundert Sprachen. Übertragen auf die Entschlüsselung der Sprache des Raumes, bedeutet dies, dass jedes Kind auf ganz unterschiedliche Art und Weise den Raum wahrnimmt. Je nachdem, welche Erfahrungs- und Lernwege es benutzt, nimmt es auch seine persönliche Wirklichkeit in Bezug auf den Raum wahr. Das folgende Zitat von Carlina Rinaldi verdeutlicht dies: „Die Wahrnehmung von Raum erfolgt subjektiv und ganzheitlich (taktil, visuell, olfaktorisch und kinetisch). Sie wird durch die verschiedenen Lebensphasen verändert und ist sehr stark mit der eigenen Kultur verbunden: Wir sprechen nicht nur unterschiedliche Sprachen, sondern wir bewohnen auch unterschiedliche sensorische Welten" (ebd., Übersetzung d. Verf.). Somit hat der gemeinsam bewohnte Raum für jeden Einzelnen eine individuelle Bedeutung. Kleine Kinder zeigten, so Carlina

Rinaldi, ein angeborenes und extrem hohes Maß an sinnlich wahrneh-
mender Empfindsamkeit und Kompetenz in Bezug auf den sie umgebenden Raum. Ihre unmittelbaren Rezeptoren wie die Haut und die
Muskeln seien aktiver als in späteren Lebensjahren. Zur Unterstützung
der mittelbaren Rezeptoren wie Augen, Ohren und Nase sollten Farb-,
Licht-, Geruchs-, Geräusch- und Hörelemente in den Mittelpunkt der
Raumgestaltung gerückt werden, da sie sehr bedeutsam für die sensorische Beschaffenheit der Umgebung seien (vgl. ebd.).

Als Teilnehmerin der Studienreise nach Reggio Emilia im März 2006
konnte ich feststellen, dass diese Elemente in den kommunalen Einrichtungen Berücksichtigung finden. In der Krippe *Arcobaleno* beispielsweise gibt es sowohl für die Augen als auch für die Nase und die Ohren
viel zu entdecken. Farbenfrohe Wanddokumentationen und Arbeiten
der Kinder können visuell von ihnen erfasst werden, verschiedene Pflan-
zen stehen in einem durch Glaswände einsehbaren Innenhof der Einrichtung zum Betrachten bereit, und durch die großzügige Verwendung
weiterer Glaselemente erhalten die Räume eine besondere Lichtquali-
tät. Gleichzeitig sind die Kinder dank der Glaswände in der Lage, viele
Dinge auch außerhalb ihres aktuellen Aufenthaltsraumes zu beobachten. Zahlreiche Spiegel an den Wänden sowie Spiegelzelte und Zerr-
spiegel laden die Kinder zum Experimentieren ein. In einem Interview
führt die für alle Kinder mit besonderen Rechten zuständige psychologische Pedagogista Ivana Soncini aus: „Spiegel stellen für Kinder eine
Möglichkeit dar, ihre eigene Identität zu finden. Wir nutzen die Spiegel
immer in einem sozialen Kontext und als Teil eines Spiels und nicht auf
eine therapeutische oder geplante Art und Weise" (Smith 1998: 207;
Übersetzung d. Verf.).
Auf zahlreichen Leuchttischen probieren die Kinder die verschiedensten
Materialien aus und können so die vielfältigen Lichteffekte ihrer experi-
mentellen Anordnungen erkunden. Gleiches wird mittels Overheadpro-
jektoren erforscht, und allerlei Schattenspiele werden auf Leinwänden
inszeniert.
Carlina Rinaldi (2006b) betont in ihrem Artikel *The space of childhood*
auch die Bedürfnisse der Kinder nach olfaktorischen Sinneswahrnehmungen. Diese können die Kinder in Reggio Emilia unter anderem
durch das tägliche Kochen in den Einrichtungsküchen erleben. In der
Kindertageseinrichtung *La Villetta* befindet sich die Küche im Zentrum

des Gebäudes. Dank dieser Anordnung des Raumes verströmt das tägliche Kochen unterschiedliche Düfte, und die Köchin kann aufgrund der zentralen Lage gleichzeitig am Erziehungs- und Bildungsprozess der Kinder partizipieren. In der von Reggio Children herausgegebenen Veröffentlichung *Advisories* stellen fünf- und sechsjährige Kinder der Einrichtung *Diana* den neu ankommenden Dreijährigen ihre Kindertageseinrichtung vor. Im Abschnitt zur „gut riechenden Küche" schreiben die Kinder: „Es gibt zwei Türen, um in die Küche zu gehen: eine am Anfang des Speiseraumes und eine am Ende. Wenn du wissen willst, was es zum Mittagessen gibt, gehst du in die Küche und fragst die Köchinnen Antonella oder Nadia, oder du kannst versuchen, es durch den Geruch zu erraten" (Reggio Children 2002d: 23, Übersetzung d. Verf.).

Bei der Studienreise nach Reggio Emilia erzählte mir die Köchin der Krippe *Faber*, dass sie während ihrer Arbeit oftmals von den Kindern Besuch erhalte. Auch hier zeigt sich, dass die architektonische Anordnung und die Ausgestaltung der Inneneinrichtung die Teilhabe aller Beteiligten unterstützt.

In den kommunalen Krippen und Kindertageseinrichtungen in Reggio Emilia werden auch die akustischen Bedürfnisse der Kinder berücksichtigt. Unterschiedlichste Klangerfahrungen können die Kinder vielerorts in speziellen Musikateliers machen, die mit zahlreichen Musikinstrumenten ausgestattet sind, zum Beispiel in der Kindertageseinrichtung *La Villetta* (vgl. Scuola comunale dell'infanzia La Villetta o.J.: 2).

In Bezug auf das Alter und die Körperhaltung stellt Carlina Rinaldi fest, dass Kinder in den Krippen und den Kindertageseinrichtungen einen Großteil ihrer Zeit sitzend, liegend oder krabbelnd auf dem Fußboden verbringen. Daher sollte den Oberflächen wie Fußböden, Decken und Wänden ebenfalls eine größere Bedeutung zukommen (vgl. Rinaldi 2006b: 82).

Einen besonderen Raum zum Experimentieren und zum Entdecken in Verbindung mit vielfältigen Sinneswahrnehmungen stellt neben den Gruppenräumen das Atelier dar. Seit den 1970er-Jahren ist es ein fester Bestandteil der kommunalen Einrichtungen in Reggio Emilia und wird in vielen Kindertageseinrichtungen durch ein Miniatelier ergänzt, das als Kleingruppenarbeitsraum dient.

Eine hauptberuflich tätige *atelierista* (Atelierleiterin) begleitet die Kinder während der verschiedenen Aktivitäten. Die Atelierleiterin ist Mitglied des Teams in der Kindertageseinrichtung, gehört aber keiner festen Gruppe an und verfügt über eine handwerkliche, künstlerische oder kunstpädagogische Ausbildung. Das Atelier selbst hält eine Vielfalt von Materialien und Gegenständen für die Kinder zum Entdecken bereit (vgl. Knauf 2004a: 9ff.). Wolfgang Ullrich und Franz-Josef Brockschnieder führen dazu näher aus: „Der gesamte Raum bietet vielfältige Möglichkeiten zum Erfassen und Begreifen. Es herrscht ein gewolltes und geplantes Nebeneinander unterschiedlichster Materialien und Medien. Dinge zum Betrachten, Anfassen, Vergleichen, Sortieren, Gestalten und Ordnen. Muscheln und Steine, Federn, Knöpfe, Perlen, Schneckenhäuser usw. Alles ist auf Tischen oder in Regalen ästhetisch und überschaubar ausgebreitet. In großen Mengen vorhanden sind Materialien wie Draht, Ton, Papier, Pappe, Farben, Stifte, Papprohre, Klebeband, Bindfaden und ‚Werkzeuge' aller Art, um die jeweiligen Materialien zu ver- und bearbeiten" (Ullrich/Brockschnieder 2001: 66).

Mithilfe all dieser verschiedenen Materialien können die Kinder reichhaltige sensorische Erfahrungen machen. Das mannigfaltige Angebot der verschiedenen Medien befähigt sie dazu, ihre individuellen Kommunikations- und Ausdrucksformen in einer ruhigen Atmosphäre zu wählen. Loris Malaguzzi erläutert in einem Interview mit Lella Gandini die Möglichkeiten und Ziele des Ateliers: „Es hat sich wie gewünscht als subversiv erwiesen – hinsichtlich der Erzeugung einer Komplexität und neuer Denkwege. Es ließ wertvolle neue Kombinationen und kreative Möglichkeiten zwischen den unterschiedlichen (symbolischen) Sprachen der Kinder zu. (...) Aber ich möchte betonen, dass man niemals beabsichtigte, das Atelier zu einem abgeschiedenen, bevorzugten Raum zu machen, als könnten nur dort die expressiven künstlerischen Sprachen entstehen. Es war vielmehr ein Raum, in dem die Kinder ihre verschiedenen Sprachen erkunden konnten und von uns in einer günstigen und ruhigen Atmosphäre erforscht wurden. Wir und die Kinder konnten mit alternativen Medien, Techniken, Instrumenten und Materialien experimentieren. (...) Es war wichtig, den Kindern dabei behilflich zu sein, ihre eigenen Wege zu finden, um mit Freunden sowohl ihre Talente als auch ihre Entdeckungen auszutauschen" (Malaguzzi 1998a: 74, Übersetzung d. Verf.). In der Veröffentlichung *Advisories* sagen die Kinder der Einrichtung *Diana* dazu: „Im Atelier ist es ruhig, weil du dich manchmal konzentrieren musst, um Ideen zu finden. Wir glauben, dass es viele Dinge gibt, um viele Ideen besser zu finden" (Reggio Children 2002d: 26, Übersetzung d. Verf.).

Das Atelier bietet den Kindern somit einen zusätzlichen, besonderen Raum, in dem sie zusammen mit anderen Kindern und Erwachsenen ihre hundert Sprachen entdecken und weiterentwickeln können.[15] Die Ausführungen konnten zeigen, dass der Raum zur Inklusion aller Kinder, also auch solcher mit besonderen Rechten, beiträgt. Die Ausgestaltung des Raumes in Reggio Emilia ist in hohem Maße kompatibel mit den Intentionen des *Indexes für Inklusion*, wo Tony Booth und andere in der Dimension B folgenden Indikator anführen: „Die Einrichtung wird so umgestaltet, dass sie allen Menschen zugänglich wird" (Booth u.a. 2006: 73). Darüber hinaus unterstützt auch der Index eine Ausstattung innerhalb der Räume, welche die Teilhabe aller erhöht. Tony Booth und andere schreiben in der Dimension C dazu: „Die Einrichtung ist so ausgestattet, dass Spiel, Lernen und Partizipation gefördert werden" (a.a.O.: 74). Die Gestaltung der kindlichen Umgebung in der Reggio-Pädagogik berücksichtigt alle verschiedenen Ausdrucks- und Kommunikationsformen der Kinder. Hierbei wird der Tatsache Rechnung getragen, dass jedes Kind unterschiedlich ist und in seinen bevorzugten Sprachen mit der räumlichen Umwelt kommuniziert. In Reggio Emilia legt man deshalb großen Wert auf die sensorische Beschaffenheit der Räume. Unterschiedlichste Impulse regen alle Kinder zur Ausbildung ihrer je spezifischen Kommunikations- und Lernstrategien an.

Gleichzeitig unterstützt die architektonische Gestaltung die Interaktionen zwischen Kindern und Erwachsenen. Vielfältige Anordnungen laden die Individuen zum Austausch und zum Dialog ein und ermöglichen die Partizipation aller am Erziehungs- und Bildungsprozess beteiligten Kinder und Erwachsenen.

4.3.5 Gemeinwesen und Eltern

Ein weiterer Aspekt, der für die Inklusion von Kindern mit Beeinträchtigungen sehr förderlich ist, liegt in der Gemeinwesenorientierung der Reggio-Pädagogik. In seinem Manuskript *Die behinderten Kinder. Be-*

---

[15] Eine anschauliche Darstellung der Aktivitäten innerhalb eines Ateliers gibt der von Reggio Children herausgegebene Film *To Make a Portrait of a Lion* (1987).

richt über Erfahrungen in den kommunalen Krippen und Kindergärten der Region Reggio Emilia erläutert Loris Malaguzzi: „Die Tatsache, daß Krippen und Schulen im Gefüge der Bevölkerung und der Stadtviertel fest verankert sind und sich auf die Anteilnahme und Mitarbeit hunderter von Eltern, Bürgern und Arbeitern aller politischen und geistigen Richtungen verlassen können (...) – all das bietet die günstigsten Voraussetzungen zum Vorteil der behinderten Kinder" (Malaguzzi 1976: 7). Diese Voraussetzungen ermöglichen es den Kindern, Erfahrungen mit dem Leben und der Kultur am Ort zu machen, so dass sie „das kostbare Gefühl der Dazugehörigkeit, der Integration und der Solidarität" erleben können (vgl. a.a.O.: 12). Durch diese „‚Vergesellschaftung' der Probleme" (a.a.O.: 4) widerfährt auch den Eltern „eine weitreichende und aktive gesellschaftliche Solidarität" (a.a.O.: 8). Loris Malaguzzi konstatiert, dass diese Solidarität bedeutend für das Gelingen der Erziehungspraxis ist. Er schreibt dazu: „(...) es ist wichtig, daß die antiautoritäre, nicht konkurrenzbetonte, nicht selektive Erziehungspraxis – die entscheidend ist für das Schicksal des Behinderten und für die Durchsetzung neuer Formen und Inhalte der Erziehung – auch weiterhin innerhalb und außerhalb der Schule solidarisch und engagiert mitgetragen wird" (a.a.O.: 13).

Das Gemeinwesen wird in Reggio Emilia als Ressource für die Inklusion von Kindern und Erwachsenen mit Beeinträchtigungen angesehen, was mit den Intentionen des *Indexes für Inklusion* kompatibel ist. Auch Tony Booth und andere empfehlen eine Zusammenarbeit der Einrichtungen mit dem Gemeinwesen. Sie führen aus: „Aber Inklusion ist auch mit dem allgemeineren Aufbau von Gemeinwesen befasst. Die Einrichtungen können mit anderen Diensten und Einrichtungen und mit dem angrenzenden Gemeinwesen zusammenarbeiten, um die örtlichen Bildungsgelegenheiten und sozialen Bedingungen zu verbessern" (Booth u.a. 2006: 16).

Eine Verbesserung der örtlichen Bildungsgelegenheiten durch die Zusammenarbeit mit dem Gemeinwesen erfolgt in Reggio Emilia auch durch Projekte, die in Kooperation mit der Stadt durchgeführt werden. Wie bereits im Abschnitt zur täglichen Strategie von Beobachtung, Interpretation und Dokumentation ausgeführt, entstehen diese Aktivitäten und Projekte in Reggio Emilia aus dem Kontext der Kinder, so dass auch die Gemeinde an deren Bildungsprozess partizipieren kann. In einem Interview führt Carlina Rinaldi dazu aus: „Aber die Betonung des

Kontextes wertschätzt auch die Strategie der Partizipation und die Möglichkeit, dass nicht nur die Familien, sondern auch die Gemeinde, zu der die Kinder gehören, am Curriculum teilnehmen können. Ich benutze das Konzept der ‚Partizipation' an dieser Stelle in dem Sinne, dass jedes Subjekt fähig ist, andere zu beeinflussen, und von anderen beeinflusst wird, so dass man am Schicksal von jedem und allem teilnimmt" (Rinaldi/Dahlberg/Moss 2006c: 205, Übersetzung d. Verf.).
Durch den *Dialog mit Orten* (vgl. Reggio Children 2005b: 15), so der gleichnamige Titel eines dieser Projekte und der dazugehörigen Ausstellung, wird die Beziehung zwischen den Kindertageseinrichtungen und der Stadt gefördert. Ziel ist es, so Elena Giacopini, die Kindheitskultur im Dialog mit der Stadt sichtbar zu machen und sie mit der Kultur der Erwachsenen zu verbinden (vgl. Giacopini 2006).

Diese Zusammenarbeit mit dem Gemeinwesen zeigt sich in Reggio Emilia auch in der Institution der „Remida". Im nachfolgenden Zitat erläutert Horst Küppers die Funktion dieser Einrichtung: „Remida ist der Name des *kreativen Recyclingzentrums* von Reggio Emilia. Hier findet man jede Art von Restmaterialien vieler Firmen Reggio Emilias und der Umlandgemeinden: Papier, Karton, Keramik, Farben, Seilwerk, Leder, Gummi, Holz, Marmor, Kurzwaren, Metalle, Schrauben, Draht, Plastik, Plexiglas, Schachteln, Tapeten, Glas und vieles andere mehr. Remida wurde im Dezember 1996 in einem alten Gewerbegebiet eröffnet und ist ein gemeinsames Projekt der Kommune und des Umwelt-Abfallunternehmens AGAC. Die Leitung dieser Einrichtung wurde dem internationalen Verein Reggio Children übertragen und wird auch von einer Fachberaterin (pedagogista) in pädagogischen Fragen unterstützt und betreut" (Küppers 2004a: 99). Aus den Lagerhallen der Remida können sich sowohl Kinder als auch Erwachsene kostenlos ihre bevorzugten Materialien aussuchen. Ursprünglich beabsichtigte man mit der Gründung der Remida, eine Beziehung zwischen kulturellem, schulischem und industriellem Bereich zu schaffen: „Kultur, Schule, Industrie, die durch ihr synergetisches Zusammenwirken die Schaffung neuer Ressourcen ermöglichten" (Comune di Reggio Emilia u.a. o.J.: o.S., Übersetzung d. Verf.).
Diese Ressourcennutzung durch die Remida in Reggio Emilia findet ihre Entsprechung auch im *Index für Inklusion*. Es existieren oftmals noch verwendbare Mittel in der Kindertageseinrichtung und der zuständigen

Kommune, die bislang noch unentdeckt waren. Tony Booth und andere konstatieren: „Es gibt immer mehr Ressourcen zur Förderung von Spiel, Lernen und Partizipation, als gegenwärtig genutzt werden. Dabei handelt es sich nicht nur um Geld" (Booth u.a. 2006: 18). Ein Zitat von Carlina Rinaldi unterstreicht die oben gemachten Ausführungen und lässt sich auf den gesamten Bereich der Kindertageseinrichtungen übertragen: „Die Qualität der Umgebung ist sicher auch eine ökonomische Frage. Aber sie ist vor allem eine Frage des Ideenreichtums und der Phantasie" (Rinaldi zitiert nach Dreier 2006: 49).

Nachdem die Partizipation des Gemeinwesens dargelegt wurde, geht es im Folgenden um Möglichkeiten der elterlichen Partizipation in den kommunalen Kindertageseinrichtungen. Schon von Beginn an legten die Reggianer großen Wert auf die Beziehung und die Partnerschaft zwischen Kindern, Erzieherinnen, Eltern und dem Gemeinwesen. In der Veröffentlichung *I bambini disabili* heißt es dazu: „Die Erfahrung der Krippen und der Kindertageseinrichtungen beruht auf Kommunikation und Beziehung. Auf der Kommunikation und der Beziehung aller am Erziehungsprozess Beteiligten: Familie – Kinder – Erzieherinnen – Raum – soziales Umfeld" (Comune di Reggio Emilia 1993: 18, Übersetzung d. Verf.).

Neben den Erzieherinnen, dem Gemeinwesen und dem Raum als so genanntem dritten Erzieher spielen auch die Eltern für den Bildungs- und Erziehungsprozess des Kindes eine große Rolle. Darüber hinaus sind Eltern für die Reggianer nicht nur eine wichtige Ressource für die gemeinschaftliche Bildungs- und Erziehungsarbeit, sondern haben auch ein Recht auf Teilhabe an dieser Arbeit in den Kindertageseinrichtungen. Loris Malaguzzi führt dazu aus: „Es war für uns immer wichtig, dass unser lebendiges Schulsystem hin zur Welt der Familien ausgeweitet wird, die ein Recht auf Information und Teilhabe besitzen" (Malaguzzi 1998a: 63, Übersetzung d. Verf.).

Erste kommunikative Beziehungen zwischen den Familien und den Erzieherinnen entstehen während des ersten Gesprächs in der Einrichtung, dessen Verlauf als äußerst bedeutsam angesehen wird. Einen Beleg dafür liefert das folgende Zitat aus der Veröffentlichung *I bambini disabili*: „Eine besondere Bedeutung wird hier dem ersten Gespräch mit der Familie beim Eintritt in die Einrichtung beigemessen. An dieser Stelle wird der Grundstein für die zukünftige Zusammenarbeit gelegt: Der organisatorische Teil wird geplant, der Zeitplan der Anwesenheit, die Anwesenheit der Unterstützungserzieherin, die Eintrittsmodalitäten, die Mitarbeit der USL innerhalb der Schule usw." (Comune di Reggio Emilia 1993: 19, Übersetzung d. Verf.).

Die Kommunikation, der Dialog mit den Eltern wird als bedeutsame Ressource für den Erziehungsprozess angesehen. In einem Interview beschreibt die psychologische Pedagogista Ivana Soncini die Anfangssituation mit den Eltern. Wenn Kinder neu in eine Einrichtung kommen, finden eingehende Gespräche mit den Eltern statt. Um dem Kind einen möglichst guten Start in der Kindertageseinrichtung zu geben, werden den Eltern zahlreiche Fragen bezüglich der Gewohnheiten des Kindes gestellt (vgl. Smith 1998: 203). Im Rahmen dieser Elterngespräche wertschätzen die Erzieherinnen die *elterliche Kompetenz* und nutzen das erworbene kindspezifische Fachwissen für die pädagogische Praxis in der Kindertageseinrichtung (vgl. Lingenauber 2007: 44).

Die Ausgestaltung eines solchen Gesprächs verdeutlicht der folgende Auszug aus dem elterlichen Erfahrungsbericht von Jenny Leask: „Wir saßen zusammen, und die Erzieherin stellte uns eine Reihe sehr detaillierter Fragen über Sam und seine Gewohnheiten und Vorlieben. Wie verhält er sich, wenn er müde ist? Wie mag er gehalten werden? Was macht er gern? Welchen Charakter besitzt er? Welche Routine herrscht zuhause vor? Welches Leben führen wir zuhause: Ist es ruhig und regelmäßig, oder gibt es eher ein reges Kommen und Gehen?" (Leask 2005: 44, Übersetzung d. Verf.).

Für die Erzieherinnen in den Krippen und Kindertageseinrichtungen stellen die Antworten der Eltern eine wichtige Ressource für die nachfolgende Arbeit mit dem Kind dar. Ivana Soncini führt aus: „Die Ansichten der Eltern sind sehr bedeutsam und müssen an alle weitergegeben und dokumentiert werden" (Smith 1998: 203, Übersetzung d. Verf.). Informationen bezüglich der Kinder mit besonderen Rechten werden wie alle Informationen nicht nur an die Unterstützungserzieherin weitergegeben, sondern an alle am Erziehungs- und Bildungsprozess Beteiligten: „Wir arbeiten nach dem Grundsatz, dass eine besondere Information hinsichtlich der Arbeit mit einem bestimmten Kind mit dem ganzen Personal in der Einrichtung geteilt wird, einschließlich der Köchinnen und des Reinigungspersonals" (a.a.O.: 204f., Übersetzung d. Verf.).

Das vorangegangene Zitat zeigt, dass in Reggio Emilia alle Mitarbeiter am Bildungs- und Lernprozess des Kindes teilnehmen.

Für die Eltern bedeutet die Beteiligung am Entwicklungsprozess ihres Kindes durch den Dialog mit den Erzieherinnen eine große Beruhigung. Ivana Soncini schildert ihre Erfahrungen: „Eltern berichten uns, dass wir ihnen durch die vielen Fragen zu ihrem Kind Vertrauen schenken, dass wir alle grundlegenden Dinge über Bedürfnisse und Anforderungen, Vorlieben und Abneigungen ihres Kindes verstehen" (a.a.O.: 203, Übersetzung d. Verf.).

Dieses Gefühl des Vertrauens sei insbesondere für Eltern von Kindern mit besonderen Rechten außerordentlich wichtig, denn viele von ihnen ließen ihr Kind mit einem Schuldgefühl in der Einrichtung zurück. Die alltägliche Kommunikation mit den Pädagoginnen ermöglicht es den Eltern, eine Beziehung zu diesen aufzubauen und an der Entwicklung ihres Kindes teilzuhaben. In der Veröffentlichung *I bambini disabili* heißt es dazu: „Die alltägliche Kommunikation mit der Familie konstituiert die Handlungsbeziehung, auf der die Beziehung und die Partizipation aufbauen. Ziel ist es, die Familie im Rahmen des Erziehungs- und Rehabilitationsprozesses zu unterstützen und einzubeziehen. Der Familie soll die Möglichkeit gegeben werden, sich über ihre Gefühle, Erwartungen, Enttäuschungen, Sorgen und Erfolge hinsichtlich ihres Kindes mit Beeinträchtigung auszutauschen" (Comune di Reggio Emilia 1993: 18f., Übersetzung d. Verf.). Diese Beziehung zwischen Eltern und Erzieherinnen in den kommunalen Kindertageseinrichtungen in Reggio Emilia ist in hohem Maße kompatibel mit den Intentionen des *Indexes für Inklusion*. In der Dimension A, „Inklusive Kulturen entfalten", lässt sich im Unterabschnitt „Gemeinschaft bilden" folgender Indikator wiederfinden: „Es gibt eine Partnerschaft zwischen Mitarbeiter/innen und Eltern" (Booth u.a. 2006: 72).

Eine weitere Form der Partizipation am gemeinsamen Entwicklungsprozess bietet sich für Eltern durch die Teilnahme an Projekten. Ivana Soncini berichtet, dass Eltern hierdurch das Gefühl erlangen, aktiv zum Lernprozess ihres Kindes innerhalb einer Gemeinschaft beitragen zu können: „Sobald das Kind sich eingefunden hat, unterstützen wir die Eltern bei der Suche nach Projekten, bei denen sie mithelfen. Hierdurch können sie das Gefühl gewinnen, dass sie zum Wohlbefinden sowohl ihres Kindes als auch der anderen Kinder beitragen. Wir möchten, dass das Kind mit besonderen Rechten ein Teil der Klasse wird, dass die Eltern ihr Kind in einem positiveren und kompetenteren Licht sehen und miterleben, wie ihr Kind zusammen mit anderen an spannenden und interessanten Projekten teilnimmt. (...) Wir möchten, dass die Eltern von Kindern mit besonderen Rechten Zeit in der Einrichtung verbringen, so dass sie sehen können, wie ihre Kinder Freundschaften knüpfen. Und wir regen auch die Bildung eines Netzes zwischen den Eltern von Kindern mit besonderen Rechten an. Es ist gut für diese Eltern, eine gegenseitige Unterstützung zu erfahren und andere Ansichten kennen zu lernen" (Smith 1998: 203f., Übersetzung d. Verf.).

Diese Bestärkung der Eltern in ihrer Beteiligung am Erziehungsprozess erfuhr auch Caroline Hunter während der Zeit, als ihre Tochter die Krippe *Arcobaleno* besuchte. Sie berichtet: „Eltern wurden dazu ermutigt, sich stark in das schulische Leben einzubringen, Eltern- und Erzieherinnentreffen wurden regelmäßig abgehalten, und die Elternpartizipation und -beobachtung regten lebendige Diskussionen an" (Hunter 2005: 39, Übersetzung d. Verf.). Auch Jenny Leasks Sohn Sam besuchte die Krippe *Arcobaleno*, wo sie ebenfalls sehr positive Erfahrungen in Bezug auf die Teilhabe am Erziehungssystem machte. Sie schreibt: „Dann sahen wir eine Liste von uns Eltern – unsere Namen, Geburtsdaten, unsere Ausbildung und unsere Berufe –, und es wurde uns klar, dass auch wir ein Teil dieser Gruppe waren und dabei waren, ein Teil der Kindertageseinrichtung zu werden" (Leask 2005: 44, Übersetzung d. Verf.).

Durch die Teilhabe am Bildungs- und Erziehungsprozess ihres Kindes können Eltern die Entscheidungen, die hinsichtlich ihres Kindes getroffen werden, besser verstehen. Gleichzeitig erhalten sie die Möglichkeit, sich aktiv an den Entwicklungs- und Entscheidungsprozessen zu beteiligen. Im nachfolgenden Zitat berichtet die Mutter Giovanna von ihren Erfahrungen: „Teilnahme ist eine Möglichkeit für Eltern, die Prozesse hinter bestimmten Entscheidungen besser zu verstehen, und hilft ihnen, bestimmte Positionen besser zu verstehen, aber das ist nicht alles. Teilnahme bedeutet auch, dass man aktiver Teil in einem komplexen und dynamischen Prozess wie der Erziehung sein kann, der nicht in klar voneinander getrennte Einheiten aufgeteilt werden kann und weder anzuhalten noch neu zu beginnen ist. Er setzt eine aktive Beziehung zwischen Familien, Schulen und der ganzen Stadt voraus" (Cagliari/Barozzi/Giudici 2004: 29). Das Recht der Kinder auf Partizipation fördert nicht nur ihren Lernprozess und die Ausbildung ihrer Identität, sondern auch das Gefühl der Zugehörigkeit zu einer Gemeinschaft. In ihrem veröffentlichten Vortrag *The child is the "first citizen"* führt Carlina Rinaldi dazu aus: „Über die Jahre hinweg zeigte sich, dass die Partizipation das Wesentliche im Lernprozess und in der Identität der Kinder und der Erwachsenen ist. Es ist eine Möglichkeit, ein Kind zu sein, eine Erzieherin, ein Elternteil. Partizipation ist dann eine gemeinschaftliche Reise, die es möglich macht, das Gefühl zu entwickeln, zu einer Gemeinschaft zu gehören" (Rinaldi 2006e: 104, Übersetzung d. Verf.). Dieses Bedürfnis, sich einer Gemeinschaft zugehörig zu fühlen, beobachtet Carlina Rinaldi auch während des Dialogs von Laura und Daniele. Sie stellt fest: „Klar war ihr Wunsch, sich als Teil der Welt zu fühlen und Teil zu sein, augenfällig war ihre Fähigkeit, Sprache zu benutzen und auf ungeahnt reiche und vielfältige Art zuzuhören..." (Rinaldi 1998a: 64). Alfredo Hoyuelos stützt diese Ausführungen mit einem Verweis auf Loris Malaguzzi: „Er glaubt, wie die Tradition ihn gelehrt hat, dass der Treffpunkt, um dem ungewissen künftigen Schicksal der Menschen zu begegnen, in der Gemeinschaft gefunden werden kann, wo Teilnahme bedeutet, ein Teil zu sein, indem man sich im Mittelpunkt der Dinge und verantwortlich für die Dinge in Gegenwart und Zukunft fühlt" (Hoyuelos 2004: 7).

Eine inhaltliche Übertragung des vorangegangenen Zitats auf die Inklusion von Kindern mit Beeinträchtigungen stützt die Annahme der Reggio-Pädagogik, dass jeder Mensch das Bedürfnis nach gleichberechtigter Teilhabe am Leben in der Gemeinschaft besitzt. Loris Malaguzzi stellt in einem Interview dazu fest: „Wir unterstützen eine Vision vom Kind, das für die Welt offen ist, das vom Moment der Geburt an reich ausgestattet ist, reich an Ressourcen, Fähigkeiten und Qualitäten – und das uns dazu führt, Demokratie auf neue Weise zu definieren. Ich denke, das bedeutet heute, den Individuen wieder ihre zentrale Bedeutung in der Gesellschaft zuzuweisen und ihren Wert und ihre Fähigkeiten ebenso zu verstehen wie ihren Wunsch, als freie und verantwortlich Handelnde zu agieren und anerkannt zu werden" (Malaguzzi 2004: 15).

Die vorangegangenen Ausführungen machen deutlich, dass es sich bei der Reggio-Pädagogik um eine Pädagogik der Beteiligung handelt. Ziel ist die gleichberechtigte Partizipation aller am Erziehungs- und Bildungsprozess beteiligten Personen. Die Kindertageseinrichtungen werden als Orte der Teilhabe von Kindern, Eltern, MitarbeiterInnen und Bürgern angesehen, was in hohem Maße kompatibel mit den Intentionen des *Indexes für Inklusion* ist. Auch dieser strebt eine Zusammenarbeit zwischen Kindern, MitarbeiterInnen, Eltern und dem Gemeinwesen an. Inklusion bedeutet dort, „die Partizipation von allen Kindern wie auch Erwachsenen zu steigern" (vgl. Booth u.a. 2006: 10) und „alle Formen von Ausgrenzung zu reduzieren" (a.a.O.: 13).

5 Schlussbetrachtung

Im Rahmen des vorliegenden Buches wurde mithilfe des *Indexes für Inklusion* der Frage nachgegangen: „Was macht die Reggio-Pädagogik zu einer inklusiven Pädagogik?" Unter Rückgriff auf die bisherigen Ausführungen lässt sich Folgendes festhalten: Der Ausgangspunkt der Reggio-Pädagogik ist das *reiche Bild vom Kind*, das bereits ab der Geburt über vielfältige Fähigkeiten und Potenziale verfügt. Das Kind gilt als ein aktives, engagiertes und forschendes Wesen, das in der Lage ist, sich mit selbst gewählten Fragen und Themen zu beschäftigen. Im Dialog mit anderen Kindern und mit Erwachsenen erforscht es seine Umwelt und nutzt dazu seine vielfältigen Kommunikations- und Ausdrucksmöglichkeiten, d.h. seine hundert Sprachen.

Für die Pädagoginnen und Pädagogen in Reggio Emilia verfügt *jedes* Kind über individuelle Möglichkeiten, seine Welt wahrzunehmen und zu interpretieren. Die metaphorisch verstandenen hundert Sprachen des Kindes repräsentieren nicht nur eine Vielzahl von Kommunikations- und Ausdrucksformen, sondern stellen gleichzeitig verschiedene Möglichkeiten des Wissenserwerbs dar. In Anbetracht dieser Differenzen zwischen allen Individuen macht die Reggio-Pädagogik keinerlei Unterscheidung zwischen Kindern mit und Kindern ohne Beeinträchtigungen, sondern unterstützt vielmehr die Individualität eines *jeden* Kindes.

Die Ausführungen zur Bedeutung von Unterschieden zwischen den Individuen machen deutlich, dass die Reggio-Pädagogik auf einem Menschenbild beruht, das Unterschiede als Bereicherung betrachtet, und zwar sowohl für die Ausbildung der kindlichen Identität als auch für den alltäglichen Erziehungs- und Bildungsprozess aller Kinder. Durch den Dialog untereinander können sich die Kinder mit den wahrgenommenen Unterschieden auseinandersetzen und entwickeln ein Selbstbild, das auf dem Wissen von sich und anderen gründet.

Dieser Dialog zwischen Kindern und Erwachsenen wird in der Reggio-Pädagogik durch verschiedene miteinander in Wechselwirkung stehende Aspekte unterstützt.

An dieser Stelle ist zunächst die Kompetenz der Erzieherin als aktiver Zuhörerin zu nennen. Durch das aufmerksame Zuhören und Beobachten mit all ihren Sinnen entschlüsselt die Erzieherin die hundert Sprachen der Kinder, so dass auch Kinder eine Stimme erhalten, die sich beispielsweise nicht verbal oder schriftsprachlich ausdrücken können.

Ebenso bietet sich die tägliche Strategie von Beobachtung, Interpretation und Dokumentation der Reggio-Pädagogik für die Teilhabe aller Kinder an. Ausgehend vom kompetenten Bild vom Kind, existiert in den reggianischen Einrichtungen kein statischer Lehrplan mit festgelegten Wissensinhalten. Es geht nicht um die bloße Vermittlung fertigen Erklärungswissens durch die Erzieherin, sondern vielmehr um die Unterstützung der Selbstlernpotenziale aller Kinder. Im Vordergrund steht somit das ‚Lernenlernen‘, das in Form von Projekten und vielen anderen Aktivitäten unterstützt wird. Ein reichhaltiges Angebot von Auswahlmöglichkeiten stellt die Inklusion aller Kinder sicher.

Auch die Projektthemen und die Aktivitäten nehmen ihren Ausgang bei den individuellen Erfahrungen und Interessen der Kinder. Dies bedeutet, dass die Kinder aktiv in die Auswahl ihrer Forschungsthemen einbezogen werden, was zu einer guten Akzeptanz und Motivation bei den Kindern führt. Auch der Aspekt des Lernens als Gruppenaktivität in Verbindung mit dem Willkommenheißen von Unterschieden sichert allen Kindern die Partizipation in den kommunalen Krippen und Kindertageseinrichtungen in Reggio Emilia.

Zusätzlich begünstigt die tägliche Dokumentation die Entwicklung aller Kinder. Es wurde deutlich, dass insbesondere Kinder mit Beeinträchtigungen von dem in der Reggio-Pädagogik sehr wichtigen Aspekt der Dokumentation profitieren. Ein kontinuierliches Festhalten des kindlichen Entwicklungsprozesses versetzt alle am Bildungsprozess Beteiligten in die Lage, die Ergebnisse miteinander zu reflektieren. Diese beständige Evaluation ermöglicht es allen MitarbeiterInnen, die pädagogische Praxis fortwährend nach inklusiven Maßstäben zu gestalten.

Zur Inklusion von Kindern mit Beeinträchtigungen trägt auch der Raum bei, dessen Anordnung Interaktionen zwischen allen am Bildungsprozess Beteiligten erst ermöglicht. Die architektonische Ausgestaltung der kommunalen Krippen und Kindertageseinrichtungen in Reggio Emilia unterstützt die Teilhabe aller Kinder und Erwachsenen, so dass die Einrichtungen zu Orten der Begegnung von Kindern, Erzieherinnen, Eltern und Bürgern werden. Gleichzeitig berücksichtigt die Gestaltung des Raumes die verschiedensten Kommunikations- und Ausdrucksformen der Kinder. Eine Vielzahl von Farb-, Licht-, Geruchs-, Geräusch- und Hörelementen sind auf die sensorischen Bedürfnisse aller Kinder abgestimmt, so dass der Raum als aktiver Gesprächspartner des Kindes dessen Entwicklungsprozess unterstützt.

Die Ausführungen zum Abschnitt „Pädagogik der Beteiligung" konnten belegen, dass die Inklusion von Kindern mit Beeinträchtigungen auch auf die historisch gewachsenen Wertvorstellungen der Reggianer zurückzuführen ist. Die Gestaltung des Bildungsprozesses beruht auf den Werten von Demokratie, Solidarität und Kooperation, die allen Mitgliedern der Gemeinschaft eine gleichberechtigte Teilhabe garantiert. Alle Kinder verfügen über das Recht, sich in der Gemeinschaft mit anderen Kindern und mit Erwachsenen zu entwickeln. Die Erziehung in Reggio Emilia besitzt eine gesellschaftspolitische Ausrichtung, die ein Mehr an Demokratie, sozialer Gerechtigkeit und Solidarität zum Ziel hat.

Wie bereits an anderer Stelle erwähnt, bestimmten bislang hauptsächlich die drei folgenden Ansätze die integrative Praxis im Elementarbereich der Bundesrepublik Deutschland: erstens die Montessoripädagogik, zweitens die Integrative Kindergartenpädagogik nach der Aneignungstheorie Georg Feusers und drittens der Situationsansatz (vgl. Hössl 1999: 149).

Die vorangegangenen Ausführungen dieses Buches zeigen, dass auch die Reggio-Pädagogik als inklusive Pädagogik für den Elementarbereich Anwendung finden sollte.

Sabine Lingenauber unterstreicht dies bereits im Jahr 2002 in ihrem Aufsatz *Integrative Elementarpädagogik und das Menschenbild in der Reggio-Pädagogik.* Darin betont sie, dass sich der Ansatz der Reggio-Pädagogik insbesondere dazu anbietet, die ethische Dimension des Menschenbildes in die Konzeptionsentwicklung aufzunehmen. Sie schreibt: „Die italienische Reggio-Pädagogik sollte m. E. als vierter Ansatz für die Konzeptionsentwicklung genutzt werden. Dieser pädagogische Ansatz birgt bisher noch kaum genutzte Qualitäten für die integrative Pädagogik. Er ist in besonderem Maße geeignet, um die ethische Dimension des Menschenbildes in die Konzeptionsentwicklung mit einzubeziehen" (Lingenauber 2002: 166).

6 Quellenverzeichnis

Barazzoni, Renzo: Brick by Brick. The History of the "XXV Aprile" People's Nursery School of Villa Cella (hrsg. von Reggio Children). Reggio Emilia: 2000

Bezirksamt Schöneberg von Berlin (Hrsg.): Dokumentation der Ausstellung und Fachtagung Reggio. „Kleinkinder-Erziehung in Reggio nell'Emilia: Wie Kinder wahrnehmen, denken und gestalten lernen". Berlin: 1985

Boban, Ines; Hinz, Andreas: Der Index für Inklusion. Eine Hilfe für demokratische Entwicklung in der „Schule für alle". In: Gemeinsam leben. Zeitschrift für integrative Erziehung 14 (2006) 3, S. 141-149

Booth, Tony; Ainscow, Mel; Kingston, Denise: Index für Inklusion (Tageseinrichtungen für Kinder). Lernen, Partizipation und Spiel in der inklusiven Kindertageseinrichtung entwickeln (hrsg. von der Gewerkschaft Erziehung und Wissenschaft (GEW)). Frankfurt: 2006

Brugger-Paggi, Edith: Integration von Menschen mit Behinderung in Italien. In: Hans, Maren; Ginnold, Antje (Hrsg.): Integration von Menschen mit Behinderung: Entwicklungen in Europa. Neuwied/Berlin: 2000, S. 146-171

Bundesministerium für Arbeit und Sozialordnung (BMAS) (Hrsg.): Die Lage der Behinderten und die Entwicklung der Rehabilitation. Bonn: 1994

Bundesministerium für Bildung und Forschung (BMBF) (Hrsg.): Konzeptionelle Grundlagen für einen Nationalen Bildungsbericht – Nonformale und informelle Bildung im Kindes- und Jugendalter. Berlin: 2004

Cagliari, Paola; Barozzi, Angela; Giudici, Claudia: Gedanken, Theorien und Erfahrungen für ein Erziehungsprojekt mit Beteiligung. In: klein&groß (Hrsg.): Balancieren auf seidenem Faden. 40 Jahre Reggio-Pädagogik. Auf den Spuren von Loris Malaguzzi. Weinheim: 2004, S. 28-30

Comune di Reggio Emilia (Hrsg.): I bambini disabili (Forum Infanzia). Reggio Emilia: 1993

Comune di Reggio Emilia u.a.: Remida. The creative recycling center. Reggio Emilia: o.J.

Dahlberg, Gunilla; Moss, Peter: Introduction. Our Reggio Emilia. In: Rinaldi, Carlina (Hrsg.): In Dialogue with Reggio Emilia. Listening, researching and learning. London/New York: 2006, S. 1-22

Deutscher Bildungsrat (Hrsg.): Empfehlungen der Bildungskommission. Zur pädagogischen Förderung behinderter und von Behinderung bedrohter Kinder und Jugendlicher. Stuttgart: 1973

Dichans, Wolfgang: Der Kindergarten als Lebensraum für behinderte und nichtbehinderte Kinder. Köln: 1993

Dreier, Annette: Raum als dritter Erzieher. In: Lingenauber, Sabine (Hrsg.): Handlexikon der Reggio-Pädagogik. Bochum/Freiburg: 2004, S. 135-141

Dreier, Annette: Was tut der Wind, wenn er nicht weht? Begegnungen mit der Kleinkindpädagogik in Reggio Emilia. Weinheim/Basel: 2006

Filippini Steinemann, Concita: Es ist normal, verschieden zu sein. Die Integration von Schülern und Schülerinnen mit Behinderung in der öffentlichen Schule in Italien. Luzern: 1995

Giacopini, Elena: Konzept und Praxis der Reggio-Pädagogik. Eine Erfolgsgeschichte. Unveröffentlichte Mitschrift eines Tagungsvortrags in Weingarten am 15.10.2005

Giacopini, Elena: Grundlegende pädagogische Erfahrungen der kommunalen Krippen und Kindertageseinrichtungen in Reggio Emilia. Unveröffentlichte Mitschrift eines Tagungsvortrags in Reggio Emilia am 13.3.2006

Göhlich, Michael: Reggiopädagogik. Geschichte und Konzeption. In: Göhlich, Michael (Hrsg.): Offener Unterricht, Community Education, Alternativschulpädagogik, Reggiopädagogik. Die neuen Reformpädagogiken. Geschichte, Konzeption, Praxis. Weineim/Basel: 1997, S. 184-196

Göhlich, Michael: Reggiopädagogik – Innovative Pädagogik heute. Zur Theorie und Praxis der kommunalen Kindertagesstätten von Reggio Emilia. Frankfurt/Main: 2005

Hössl, Alfred; Pelzer, Susanne: Sondereinrichtungen im Elementarbereich und ihre Beteiligung an integrativer Erziehung. In: Staatsinstitut für Frühpädagogik und Familienforschung in München (Hrsg.): Handbuch der integrativen Erziehung behinderter und nichtbehinderter Kinder. München/Basel: 1990, S. 253-270

Hössl, Alfred: Entwicklungen integrativer Erziehung im Elementarbereich. In: Eberwein, Hans (Hrsg.): Integrationspädagogik. Kinder mit und ohne Behinderung lernen gemeinsam. Ein Handbuch. Weinheim/Basel: 1999, S. 147-155

Hoyuelos, Alfredo: Eine Pädagogik der Verstöße. In: klein&groß (Hrsg.): Balancieren auf seidenem Faden. 40 Jahre Reggio-Pädagogik. Auf den Spuren von Loris Malaguzzi. Weinheim: 2004, S. 6-7

Hüwe, Birgit: „Gemeinsam leben – Gemeinsam lernen für alle Kinder". Eine Vision von Eltern verändert das Schulsystem. In: Roebke, Christa; Hüwe, Birgit; Rosenberger, Manfred (Hrsg.): Leben ohne Aussonderung. Eltern kämpfen für Kinder mit Beeinträchtigungen. Neuwied/Berlin: 2000, S. 14-42

Hunter, Caroline: Sunniva's extra pocket – a parent's reflections. In: Nutbrown, Cathy; Abbott, Lesley (Hrsg.): Experiencing Reggio Emilia. Implications for pre-school provision. Trowbridge/Wiltshire: 2005, S. 38-42

Kaplan, Karlheinz u.a.: Gemeinsame Förderung behinderter und nichtbehinderter Kinder. Handbuch für den Kindergarten. Weinheim/Basel: 1993

Knauf, Tassilo: Atelier. In: Lingenauber, Sabine (Hrsg.): Handlexikon der Reggio-Pädagogik. Bochum/Freiburg: 2004a, S. 9-14

Knauf, Tassilo: Dialog Reggio e.V. In: Lingenauber, Sabine (Hrsg.): Handlexikon der Reggio-Pädagogik. Bochum/Freiburg: 2004b, S. 20-26

Knauf, Tassilo: Dokumentation. In: Lingenauber, Sabine (Hrsg.): Handlexikon der Reggio-Pädagogik. Bochum/Freiburg: 2004c, S. 27-35

Krieg, Elsbeth: Einleitung. In: Krieg, Elsbeth (Hrsg.): Hundert Welten entdecken. Die Pädagogik der Kindertagesstätten in Reggio Emilia. Essen: 1993, S. 7-9

Krieg, Elsbeth: Wir tun uns gerne zusammen. Historische Entwicklung und gesellschaftliche Bedingungen. In: Krieg, Elsbeth (Hrsg.): Hundert Welten entdecken. Die Pädagogik der Kindertagesstätten in Reggio Emilia. Essen: 1993, S. 10-17

Kron, Maria: Gemeinsame Erziehung von Kindern mit und ohne Behinderung im Elementarbereich. Theorieansätze und Praxiserfahrungen. In: Eberwein, Hans; Knauer, Sabine (Hrsg.): Integrationspädagogik. Kinder mit und ohne Beeinträchtigung lernen gemeinsam. Weinheim/Basel: 2002, S. 178-190

Küppers, Horst: Organisationsstruktur. In: Lingenauber, Sabine (Hrsg.): Handlexikon der Reggio-Pädagogik. Bochum/Freiburg: 2004a, S. 94-103

Küppers, Horst: Geschichte. In: Lingenauber, Sabine (Hrsg.): Handlexikon der Reggio-Pädagogik. Bochum/Freiburg: 2004b, S. 53-63

Lau, Gisela; Lau, Wolf-Dieter: Unser Wunschkind Jenny – wir kämpfen für ein normales Leben unseres Kindes. In: Roebke, Christa; Hüwe, Birgit; Rosenberger, Manfred (Hrsg.): Leben ohne Aussonderung. Eltern kämpfen für Kinder mit Beeinträchtigungen. Neuwied/Berlin: 2000, S. 291-303

Leask, Jenny: Sam's invisible extra gear – a parent's view. In: Nutbrown, Cathy; Abbott, Lesley (Hrsg.): Experiencing Reggio Emilia. Implications for pre-school provision. Trowbridge/Wiltshire: 2005, S. 43-47

Lingenauber, Sabine: Integrative Elementarpädagogik und das Menschenbild in der Reggio-Pädagogik. In: Gemeinsam leben. Zeitschrift für integrative Erziehung 10 (2002) 4, S. 165-168

Lingenauber, Sabine: Inklusive Pädagogik. In: Lingenauber, Sabine (Hrsg.): Handlexikon der Reggio-Pädagogik. Bochum/Freiburg: 2004a, S. 64-66

Lingenauber, Sabine: Bild vom Kind. In: Lingenauber, Sabine (Hrsg.): Handlexikon der Reggio-Pädagogik. Bochum/Freiburg: 2004b, S. 16-20

Lingenauber, Sabine: Erzieherin, kompetente. In: Lingenauber, Sabine (Hrsg.): Handlexikon der Reggio-Pädagogik. Bochum/Freiburg: 2004c, S. 49-52

Lingenauber, Sabine: Einführung in die Reggio-Pädagogik. Kinder, Erzieherinnen und Eltern als konstitutives Sozialaggregat. Bochum/Freiburg: 2007

Lipski, Jens: Integrative Entwicklungen im Elementarbereich – 1980 bis heute. Ein Resümee der Projekterfahrungen. In: Gemeinsam leben. Integration im Elementarbereich – Entwicklungsstand und Aufgaben für die Zukunft. Bericht von der Abschlußtagung des Projektes „Integration von Kindern mit besonderen Problemen" am 12.-13. November 1990 im Deutschen Jugendinstitut, München. Sonderheft 3/90, S. 21-37

Malaguzzi, Loris: Die behinderten Kinder. Bericht über Erfahrungen in den kommunalen Krippen und Kindergärten der Region Reggio Emilia (unveröffentlichtes Manuskript). Reggio Emilia: 1976

Malaguzzi, Loris: Kommentare zum besseren Verständnis der Ausstellung (16 Thesen zum pädagogischen Konzept). In: Bezirksamt Schöneberg von Berlin (Hrsg.): Zum besseren Verständnis der Ausstellung: 16 Thesen zum pädagogischen Konzept. Berlin: 1984, S. 1-6

Malaguzzi, Loris: History, Ideas and Basic Philosophy. An Interview with Lella Gandini. In: Edwards, Carolyn; Gandini, Lella; Forman, George (Hrsg.): The Hundred Languages of Children. The Reggio Emilia Approach – Advanced Reflections. Westport u.a.: 1998a, S. 49-97

Malaguzzi, Loris: Die Fische und die Kinder vom Stummfilm. In: Reggio Children (Hrsg.): Die Kinder vom Stummfilm. Fantasiespiele zwischen Fischen und Kindern in der Krippe. Neuwied u.a.: 1998b, S. 9-16

Malaguzzi, Loris: Was ist das Spiel des „Was tun"? In: Reggio Children (Hrsg.): Springbrunnen. Aus einem Projekt zur Konstruktion eines Vergnügungsparks für Vögel. Hauptakteure Mädchen und Jungen zwischen 5 und 6 Jahren aus dem Kindergarten „La Villetta". Neuwied u.a.: 1998c, S. 14-16

Malaguzzi, Loris: Die Idee des Vergnügungsparks für Vögel und der Springbrunnen. In: Reggio Children (Hrsg.): Springbrunnen. Aus einem Projekt zur Konstruktion eines Vergnügungsparks für Vögel. Hauptakteure Mädchen und Jungen zwischen 5 und 6 Jahren aus dem Kindergarten „La Villetta". Neuwied u.a.: 1998d, S. 10-12

Malaguzzi, Loris: Die Erklärung der drei Rechte. In: Reggio Children (Hrsg.): Ein Ausflug in die Rechte von Kindern. Aus der Sicht der Kinder. Mädchen und Jungen zwischen 5 und 6 Jahren aus dem Kindergarten „Diana"; kommunale Krippen und Kindergärten von Reggio Emilia. Neuwied u.a.: 1998e, S. 63-66

Malaguzzi, Loris: When we got the news. In: Barazzoni, Renzo: Brick by Brick. The History of the "XXV Aprile" People's Nursery School of Villa Cella (hrsg. von Reggio Children). Reggio Emilia: 2000, S. 13-15

Malaguzzi, Loris: Und es gibt Hundert doch. In: Reggio Children (Hrsg.): Hundert Sprachen hat das Kind. Die deutsch-italienische Originalausgabe zur Ausstellung. Neuwied u.a.: 2002a, S. 3

Malaguzzi, Loris: Das Recht auf Räumlichkeit. In: Reggio Children (Hrsg.): Hundert Sprachen hat das Kind. Die deutsch-italienische Originalausgabe zur Ausstellung. Neuwied u.a.: 2002b, S. 40

Malaguzzi, Loris: Balancieren auf seidenem Faden. Interview mit Loris Malaguzzi von Carlo Barsotti. In: klein&groß (Hrsg.): Balancieren auf seidenem Faden. 40 Jahre Reggio-Pädagogik. Auf den Spuren von Loris Malaguzzi. Weinheim: 2004, S. 10-15

Malaguzzi, Loris: Der Schatten und der Abakus der Kinder. In: Reggio Children (Hrsg.): Alles hat einen Schatten, außer den Ameisen. Weinheim/Basel: 2005, S. 24-28

Malaguzzi, Loris: "Who am I?..." In: Municipality of Reggio Emilia u.a. (Hrsg.): Crossing boundaries. Ideas and experiences in dialogue for a new culture of education of children and adults. International conference Reggio Emilia, Italy. Reggio Emilia: 2006, S. 75-77

Moss, Peter; Rinaldi, Carlina: Was ist Reggio? In: klein&groß (Hrsg.): Balancieren auf seidenem Faden. 40 Jahre Reggio-Pädagogik. Auf den Spuren von Loris Malaguzzi. Weinheim: 2004, S. 2-3

Münder, Johannes u.a. (Hrsg.): Frankfurter Kommentar zum SGB VIII: Kinder- und Jugendhilfe. Weinheim/München: 2006

Municipality of Reggio Emilia u.a. (Hrsg.): Crossing boundaries. Ideas and experiences in dialogue for a new culture of education of children and adults. International conference Reggio Emilia, Italy. Reggio Emilia: 2006

Nave-Herz, Rosemarie: Die Geschichte der Frauenbewegung in Deutschland. Hannover: 1997

Nido Arcobaleno (Hrsg.), Via A. Patti, 9, 42100 Reggio Emilia, unveröffentlichte Konzeption o.J.

Nurse, Angela: A question of inclusion. In: Nutbrown, Cathy; Abbott, Lesley (Hrsg.): Experiencing Reggio Emilia. Implications for pre-school provision. Trowbridge/Wiltshire: 2005, S. 62-71

Nutbrown, Cathy; Abbott, Lesley: Experiencing Reggio Emilia. In: Nutbrown, Cathy; Abbott, Lesley (Hrsg.): Experiencing Reggio Emilia. Implications for pre-school provision. Trowbridge/Wiltshire: 2005, S. 1-7

Papke, Birgit: Integrative Kindertageseinrichtungen/Gruppen. In: Lingenauber, Sabine (Hrsg.): Handlexikon der Integrationspädagogik. Band 1: Kindertageseinrichtungen. Bochum/Freiburg: erscheint 2007

Phillips, Sylvia: Special needs or special rights? In: Nutbrown, Cathy; Abbott, Lesley (Hrsg.): Experiencing Reggio Emilia. Implications for pre-school provision. Trowbridge/Wiltshire: 2005, S. 48-61

Rankin, Baji: Curriculum Development in Reggio Emilia: A Long-Term Curriculum Project About Dinosaurs. In: Edwards, Carolyn; Gandini, Lella; Forman, George (Hrsg.): The Hundred Languages of Children.

The Reggio Emilia Approach – Advanced Reflections. Westport u.a.: 1998, S. 215-237

Reggio Children (Hrsg.): To Make a Portrait of a Lion. Reggio Emilia: 1987. VHS-Dokumentation erhältlich unter URL: http://zerosei. comune.re.it/inter/pubs/audiovideo.htm – Download vom 31.6.2007

Reggio Children (Hrsg.): A dialogue with the present. In: Rechild. Reggio Children Newsletter, April 1996a, S. 7

Reggio Children (Hrsg.): Why Reggio Emilia? In: Rechild. Reggio Children Newsletter, April 1996b, S. 11

Reggio Children (Hrsg.): Die Kinder vom Stummfilm. Fantasiespiele zwischen Fischen und Kindern in der Krippe. Neuwied u.a.: 1998a

Reggio Children (Hrsg.): Springbrunnen. Aus einem Projekt zur Konstruktion eines Vergnügungsparks für Vögel. Hauptakteure Mädchen und Jungen zwischen 5 und 6 Jahren aus dem Kindergarten „La Villetta". Neuwied u.a.: 1998b

Reggio Children (Hrsg.): Zärtlichkeit: Eine Geschichte von Laura und Daniele. Protagonisten Laura Sassi e Daniele Campari, Kinder aus dem Kindergarten „La Villetta"; kommunale Kindergärten von Reggio Emilia. Neuwied u.a.: 1998c

Reggio Children (Hrsg.): Ein Ausflug in die Rechte von Kindern. Aus der Sicht der Kinder. Mädchen und Jungen zwischen 5 und 6 Jahren aus dem Kindergarten „Diana"; kommunale Krippen und Kindergärten von Reggio Emilia. Neuwied u.a.: 1998d

Reggio Children (Hrsg.): The Municipal Infant-Toddler Centers and Preschools of Reggio Emilia. Historical notes and general information. Reggio Emilia: 2000a

Reggio Children (Hrsg.): The Quality of Integration of Children with Disabilities: the Cultural Boundaries. In: Rechild. Reggio Children Newsletter, Mai 2000b, S. 7

Reggio Children (Hrsg.): The charter of the city and childhood councils. Reggio Emilia: 2002a

Reggio Children (Hrsg.): Not Just Anyplace. Reggio Emilia: 2002b. VHS- und DVD-Dokumentation erhältlich unter URL: http://zerosei. comune.re.it/inter/pubs/audiovideo.htm – Download vom 31.6.2007

Reggio Children (Hrsg.): Schuh und Meter. Wie Kinder im Kindergarten lernen. Weinheim u.a.: 2002c

Reggio Children (Hrsg.): Advisories. Five- and six-year-old children tell incoming three-year-olds about their new preschool. Reggio Emilia: 2002d

Reggio Children (Hrsg.): Preschools for children. Enrollments 2005-2006 school year, for children born in 2000, 2001, 2002. Reggio Emilia: 2004

Reggio Children (Hrsg.): A rustling of wings. Children's theories about angels. Reggio Emilia: 2005a

Reggio Children (Hrsg.): The "Dialogue with Places Exhibition". In: Rechild. Reggio Children Newsletter, Dezember 2005b, S. 15

Rietzke, Tim; Schilling, Matthias: Integration – weiterhin auf dem Vormarsch. Zur Entwicklung integrativer Plätze für behinderte Kinder in Kindertageseinrichtungen. In: KomDat Jugendhilfe 4 (2001) 2, S. 1-2

Rinaldi, Carlina: Eine Geschichte von Laura und Daniele. In: Reggio Children (Hrsg.): Zärtlichkeit: Eine Geschichte von Laura und Daniele. Protagonisten Laura Sassi e Daniele Campari, Kinder aus dem Kindergarten „La Villetta"; kommunale Kindergärten von Reggio Emilia. Neuwied u.a.: 1998a, S. 64-70

Rinaldi, Carlina: Projected Curriculum Constructed Through Documentation. Progettazione. An Interview with Lella Gandini. In: Edwards, Carolyn; Gandini, Lella; Forman, George (Hrsg.): The Hundred Languages of Children. The Reggio Emilia Approach – Advanced Reflections. Westport u.a.: 1998b, S. 113-125

Rinaldi, Carlina: Documentation and assessment. What is the relationship? In: Rinaldi, Carlina (Hrsg.): In Dialogue with Reggio Emilia. Listening, researching and learning. London/New York: 2006a, S. 61-73

Rinaldi, Carlina: The space of childhood (1998). In: Rinaldi, Carlina (Hrsg.): In Dialogue with Reggio Emilia. Listening, researching and learning. London/New York: 2006b, S. 77-88

Rinaldi, Carlina; Dahlberg, Gunilla; Moss, Peter: In dialogue with Carlina Rinaldi. A discussion between Carlina Rinaldi, Gunilla Dahlberg and Peter Moss. In: Rinaldi, Carlina (Hrsg.): In Dialogue with Reggio Emilia. Listening, researching and learning. London/New York: 2006c, S. 178-209

Rinaldi, Carlina: The construction of the educational project. An interview with Carlina Rinaldi by Lella Gandini and Judith Kaminsky (2000). In: Rinaldi, Carlina (Hrsg.): In Dialogue with Reggio Emilia. Listening, researching and learning. London/New York: 2006d, S. 121-136

Rinaldi, Carlina: The child is the "first citizen". In: Municipality of Reggio Emilia u.a. (Hrsg.): Crossing boundaries. Ideas and experiences in dialogue for a new culture of education of children and adults. International conference Reggio Emilia, Italy. Reggio Emilia: 2006e, S. 101-105

Roebke, Christa: Der schwere, aber erfolgreiche Weg der Nichtaussonderung. In: Roebke, Christa; Hüwe, Birgit; Rosenberger, Manfred (Hrsg.): Leben ohne Aussonderung. Eltern kämpfen für Kinder mit Beeinträchtigungen. Neuwied/Berlin: 2000, S. 44-261

Rosenberger, Manfred: Eine Elternbewegung ist entstanden: „Gemeinsam leben – gemeinsam lernen / Eltern gegen Aussonderung". In: Rosenberger, Manfred (Hrsg.): Ratgeber gegen Aussonderung. Heidelberg: 1998, S. 13-25

Roser, Ludwig-Otto: Integration Behinderter in Italien: Anspruch und Realität. In: Schöler, Jutta (Hrsg.): Normalität für Kinder mit Behinderungen: Integration. Texte und Wirkungen von Ludwig-Otto Roser. Neuwied/Berlin: 1998, S. 26-34

Rothmayr, Angelika: Schwerstmehrfachbehinderte Kinder im integrativen Kindergarten. Bonn: 1989

Schildmann, Ulrike; Völzke, Reinhard: Integrationspädagogik: Biographische Zugänge. Opladen: 1994

Schilling, Matthias: Quantitative Entwicklung. In: Lingenauber, Sabine (Hrsg.): Handlexikon der Integrationspädagogik. Band 1: Kindertageseinrichtungen. Bochum/Freiburg: erscheint 2007

Schnell, Irmtraud: Geschichte schulischer Integration. Gemeinsames Lernen von SchülerInnen mit und ohne Behinderung in der BRD seit 1970. Weinheim/ München: 2003

Schöler, Jutta: Integrative Schule – Integrativer Unterricht. Ratgeber für Eltern und Lehrer. Neuwied/Berlin: 1999

Scott, Wendy: Listening and learning. In: Nutbrown, Cathy; Abbott, Lesley (Hrsg.): Experiencing Reggio Emilia. Implications for pre-school provision. Trowbridge/Wiltshire: 2005, S. 21-29

Scuola comunale dell'infanzia Anna Frank (Hrsg.), Via Multilati del Lavoro, 7/a, 42100 Reggio Emilia, unveröffentlichte Konzeption o.J.

Scuola comunale dell'infanzia La Villetta (Hrsg.), Via Emilia Ospizio, 93, 42100 Reggio Emilia, unveröffentlichte Konzeption o.J.

Smith, Cathleen: Children With "Special Rights" in the Preprimary Schools and Infant-toddler Centers of Reggio Emilia. In: Edwards, Carolyn; Gandini, Lella; Forman, George (Hrsg.): The Hundred Languages of Children. The Reggio Emilia Approach – Advanced Reflections. Westport u.a.: 1998, S. 199-214

Sommer, Brigitte: Kinder mit erhobenem Kopf. Kindergärten und Krippen in Reggio Emilia, Italien. Neuwied/Berlin: 1999

Statistisches Bundesamt (Hrsg.): Sozialleistungen. Tageseinrichtungen für Kinder. Fachserie 13/Reihe 6.3.1. Stuttgart: 2004

Stinner, Barbara: Reggio-Pädagogik. In: Huppertz, Norbert (Hrsg.): Konzepte des Kindergartens. Lebensbezogener Ansatz, Situationsansatz, sozialistische Pädagogik, Reggio-Pädagogik. Oberried: 1998, S. 21-53

Thornton, Linda; Brunton, Pat: Understanding the Reggio Approach. Reflections on the Early Childhood Experience of Reggio Emilia. London: 2005

Ullrich, Wolfgang; Brockschnieder, Franz-Josef: Reggio-Pädagogik im Kindergarten. Freiburg: 2001

Vecchi, Vea: Die verschiedenen Quellen des Wissens. In: klein&groß (Hrsg.): Balancieren auf seidenem Faden. 40 Jahre Reggio-Pädagogik. Auf den Spuren von Loris Malaguzzi. Weinheim: 2004, S. 18-21

Vecchi, Vea: Tiny fragments and expanses of universe. In: Reggio Children (Hrsg.): A rustling of wings. Children's theories about angels. Reggio Emilia: 2005

Vernooij, Monika A.: Erziehung und Bildung beeinträchtigter Kinder und Jugendlicher. Paderborn: 2005

**Pädagogik im
projektverlag.**

Sabine Lingenauber (Hrsg.): Handlexikon der Reggio-Pädagogik.
2007²; 159 S.; 16,50 EUR [D]; ISBN 978-3-89733-073-3
Ulrike Schildmann: *Vor-Bilder*. Männer und Frauen in pädagogischen
Berufen: Motivation, Werdegänge, Perspektiven. 2006; 141 S.;
12,50 EUR [D]; ISBN 978-3-89733-155-6
Sabine Lingenauber: *Einführung in die Reggio-Pädagogik*. Kinder,
Erzieherinnen und Eltern als konstitutives Sozialaggregat. 2007⁴;
116 S.; 12,50 EUR [D]; ISBN 978-3-89733-060-3
Dieter Höltershinken/Gertrud Scherer (Hrsg.): *PEKiP - Das Prager-
Eltern-Kind-Programm*. Theoretische Grundlagen: Ursprung und
Weiterentwicklung. Dortmunder Beiträge zur Pädagogik, Bd. 34;
2006³ ; 139 S.; 11,50 EUR [D]; ISSN 1437-4889;
ISBN 978-3-89733-100-6
Rudolf Schütte: *Der erziehungswissenschaftliche Ansatz von Hans
Wolfgart*. Ein Essay zur Theoriegeschichte der Körperbehinderten-
pädagogik. 2006; 57 S.; 11 EUR [D]; ISBN 978-3-89733-142-6
Stephanie Richarts/Philip Müller-Holtz/Jessica Wittbrock/ Barbara
Heller: *Respekt und Achtsamkeit*. Vier Beiträge zu einer sozial-
ästhetischen Praxis; Beiträge zur Sozialästhetik, Bd. 7; 2006;
277 S.; EUR [D]; ISSN 1611-1893; ISBN 978-3-89733-144-0
Gerhard E. Sollbach: *Schule von unten*. Gesammelte Aufsätze zur
südwestfälischen Schulgeschichte. *Dortmunder Arbeiten zur
Schulgeschichte und zur historischen Didaktik,* Band 34;
2007; 453 S.; 19,50 [D]; ISSN 1618-4734; ISBN 978-3-89733-154-9
Martin Lang / Günter Pätzold (Hrsg.): *Wege zur Förderung selbstge-
steuerten Lernens in der beruflichen Bildung*. Dortmunder Beiträge
zur Pädagogik, Band 39; 2006; 254 S.; 17 EUR [D]; ISSN 1437-4889;
ISBN 978-3-89733-158-7
Anne Busian: *Geschäftsprozessorientierung in der beruflichen
Bildung*. Zur curricularen Relevanz eines schillernden Konzepts
Dortmunder Beiträge zur Pädagogik, Band 40; 2006; 340 S.;
21,50 EUR [D]; ISSN 1437-4889; ISBN 978-3-89733-161-7
Wolfgang Krieger: *Wahrnehmung und Ästhetische Erziehung*. Zur Neu-
konzeptionierung ästhetischer Erziehung im Paradigma der Selbst-
organisation. 2004; 767 S.; 45 EUR [D]; ISBN 978-3-89733-106-8